Jochen Zenthöfer

KLAUSUREN TRAINING

Rechtsphilosophie

Jochen Zenthöfer, geboren 1977; Studium der Rechtswissenschaften in Bonn, Sydney und in Berlin. Wissenschaftliche Hilfskraft am Lehrstuhl für Verwaltungsrecht mit Sozialrecht einschließlich Europäischem Verfassungs- und Sozialrecht der Universität Potsdam. Email: zenthoefer@gmx.de

Dieses Buch richtet sich insbesondere an alle, die ihren Grundlagenschein in „Rechtsphilosophie" bzw. „Allgemeiner Staatslehre" erwerben wollen. Wichtig sind insbesondere die Fälle Nr. 1 – 5, 7 – 13, 20 und 22. Sind aktuelle Probleme Teil des Stoffplans, eignen sich die Fälle 14 – 19 zur Vorbereitung. Die Fälle 24 und 25 sind sehr speziell, Fall 6 ist sehr schwer. Für alle, die den „Juristischen Grundkurs Rechtsphilosophie" aus dem Richter-Verlag (ISBN 3-935150-25-5), der ebenfalls aus meiner Feder stammt, besitzen, sind am Ende jeder Klausur Querverweise angegeben.

Auf meine Examensklausuren in Rechtsphilosophie hat mich Dr. Matthias Mahlmann (FU Berlin) hervorragend vorbereitet – vielen Dank!

Ich widme diesen Band meiner Schwester Sylvia. ***J.Z.***

COPYRIGHT: Richter-Verlag
Hans-Peter Richter
Paul-Schroeder-Straße 18
24229 Dänischenhagen
Tel. 04349-1725
Fax 04349-571
e-mail: RICHTER-VERLAG@t-online.de

Druck und Verarbeitung: Breklumer Druckerei, Breklum

1. Auflage 2003

ISBN 3-935150-36-9

Inhaltsverzeichnis

Klausur 1

Aufgabe

a) *„Handle nur nach derjenigen Maxime, durch die du zugleich wollen kannst, dass sie ein allgemeines Gesetz werde."*

b) *„Handle äußerlich so, dass der freie Gebrauch deiner Willkür mit der Freiheit von jedermann nach einem allgemeinen Gesetz zusammen bestehen kann."*

1. Worauf beziehen sich die beiden von Kant formulierten Handlungsanleitungen und weshalb sind sie strikt zu trennen?

2. Was ist der Sinn der Trennung von Recht und Moral?

3. Nennen Sie Beispiele, wie Konflikte zwischen moralischen Vorstellungen und tatsächlichem Recht gelöst werden!

Lösung

Frage 1

a) Das erste Zitat ist eine Formel des „Kategorischen Imperatives" von Kant. Es handelt sich um ein **moralisches Gesetz** und gebietet, nach solchen Maximen des Willens zu handeln, die als Prinzip einer allgemeinen Gesetzgebung gelten können. Dabei soll das moralische Gesetz selbst das Verhaltensmotiv, die „Triebfeder der Handlung" sein. Es kommt also auf die Qualität der Maxime des Willens als Motiv des Handelns an.

b) Das zweite Zitat ist das „**Allgemeine Rechtsgesetz**". Für Kant besteht erst durch das Recht eine allgemeine Freiheit in dem Sinn, dass jedem Freiheitsrechte garantiert werden. Durch Rechtsverhältnisse wird die Freiheit eines jeden mit der Freiheit aller in Einklang gebracht. Das Recht ist der „Inbegriff der Bedingungen, unter denen die Willkür des einen mit der Willkür des anderen nach einem allgemeinen Gesetz der Freiheit zusammen vereinigt werden kann". Willkür meint hier „Wahlfreiheit".

c) Kant trennt hier zwischen der moralischen Handlungsanleitung – dem kategorischen, also unbedingten, Imperativ – und Rechtsgesetzen. Das hat seinen Grund. Denn für Kant gibt es nur ein angeborenes Recht des Menschen: die **Freiheit**. Diese Freiheit ermöglicht Selbstbestimmung und einen freien

Willen – und damit autonome Selbstgesetzgebung beim Menschen. Der Mensch ist also nicht fremdbestimmt (heteronom), sondern besitzt eine eigene Vernunft. Dies unterscheidet ihn vom Tier und verleiht dem Menschen Würde. Er ist das einzige Lebewesen, das so handeln kann, dass der Beweggrund seines Handelns auch das Prinzip einer allgemeinen Gesetzgebung sein könnte. Anders ausgedrückt: Der Mensch ist fähig, nach dem kategorischen Imperativ zu handeln.

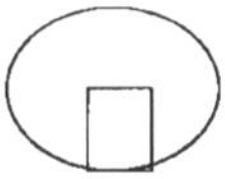

↓

Einzig angeborenes Recht: FREIHEIT

↓

ermöglicht Autonomie (Selbstbestimmung)

↓

dies verleiht dem Menschen Würde

↓

der Mensch kann moralisch handeln,
dem kategorischen (= unbedingten) Imperativ folgen

↓

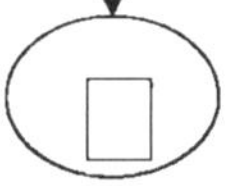

Um moralisch Handeln zu können, darf der Freiheitsraum des Menschen aber nicht gefährdet sein. Deshalb **sichert** das **Recht**, dass die Freiheitsräume aller miteinander vereinigt werden können. Das Recht ermöglicht es also erst, dass der Mensch nach seinen moralischen Prinzipien handelt.

Gleichzeitig darf das Recht die Freiheitsräume nicht wieder begrenzen, indem es eine gewisse Moral vorschreibt. Sind Moral und Recht nicht getrennt, verfolgt also das Recht moralische Ziele, gerät die Freiheit des Menschen wieder in Gefahr. Die **Freiheit** aber ist das einzig angeborene Recht des Menschen.

d) Nun könnte man einwenden, dass das Recht eine „gute Moral" verfolgen könnte. Man könnte auch sagen, dies sei begrüßenswert. Kant aber glaubt nicht, dass es eine „gute Moral" gibt. Vielmehr existierten eine Vielzahl von Meinungen und Anschauungen. In seiner „**Kritik der reinen Vernunft**" beweist Kant zudem, dass es *die* eine richtige Moral nicht geben kann. Die Vernunft als „Ding an sich" kann der Mensch nicht erkennen.

Weshalb? Der Mensch mischt immer Empfindungen bei, wenn er etwas mit seinen Sinnen aufnimmt. Dies geschieht in drei Stufen:

→ **1. Stufe**: Synthesis (= Verbindungen) der Empfindungen (z.B. auf der Netzhaut, Töne im Ohr) zu Anschauungen. Die Bedingungen der Möglichkeit dieser Synthesis sind **Raum und Zeit**. Ohne die sinnliche Empfindung von Raum und Zeit können wir Empfindungen nicht zu Anschauungen verknüpfen.

→ **2. Stufe**: Synthesis der Anschauungen zu Erfahrungen. Die Bedingungen der Möglichkeit dieser Synthesis sind Kategorien wie Kausalität. Ohne die sinnliche Empfindung von Kategorien wie **Kausalität** können wir die Anschauungen nicht zu Erfahrungen verknüpfen.

→ **3. Stufe**: Synthesis der Erfahrungen zur Totalität der Erfahrung. Die Bedingung der Möglichkeit dieser Synthesis ist die sog. „**transzendentale Apperzeption**" (= überschiebende Wahrnehmung einzelner Sinneseindrücke). Damit können einzelne Erfahrungen in eine umfassende Totalität der Erfahrung verknüpft werden. Diese Totalität besteht aus Welt, Seele und Gott.

Folglich weiß niemand, was die „Vernunft an sich" ist, auch der Staat weiß es nicht. Kant ist also **Subjektivist**. Damit wendet er sich gegen die objektive Seins- und Wahrheitsauffassung des Aristoteles, er „zermalmt" sie. Kant wird deshalb als „Alleszermalmer" bezeichnet.

Ergebnis: Das moderne Recht verwirft nicht moralisch bedenkliches Verhalten, so lange es keinem anderen schadet. Der moderne Staat versteht sich nicht als moralischer Erzieher. Er will einzig und allein die Freiheitsräume des einzelnen sichern. Ziel ist das **effektiv gedeihliche Zusammenleben**, der innere Frieden, nicht die Gesinnung der Beteiligten.

Weil es keine objektive Wahrheit, keine objektive Vernunft geben kann, trennt Kant seine Tugendlehre von seiner Rechtslehre. Der kategorische Imperativ (das erste Zitat) findet sich in der Tugendlehre, das allgemeine Rechtsgesetz (zweites Zitat) in der Rechtslehre.

Frage 2

a) Zuerst ist zu klären, welche inneren Haltungen überhaupt beanspruchen können, moralisch zu sein: Zuerst müssen diese inneren Haltungen **autonom entwickelt** sein. Moral kann also nicht von anderen einfach übernommen werden. Weiterhin besteht das Erfordernis der „**Universalisierbarkeit**" – die Norm muß folglich allgemein annehmbar sein.

> Nach der Formulierung von Habermas verlangt dieser Grundsatz, nach Normen zu handeln, die der Bedingung genügen, „dass die Folgen und Nebenwirkungen, die sich jeweils aus ihrer allgemeinen Befolgung für die Befriedigung von Interessen eines *jeden Einzelnen* voraussichtlich ergeben, von *allen* Betroffenen akzeptiert werden können".

Zuletzt muß die innere Haltung auch **universell zustimmungsfähig**, also rational begründbar sein. Dies bedeutet, dass wenigstens der Anspruch erhoben werden kann, dass sich die Normen rational begründen lassen. Rational begründet sind moralische Richtlinien dann, wenn hinreichende Gründe dafür sprechen, dass sie von jeder Person rationalerweise angenommen werden sollten.

b) Das Recht soll sich auf den Schutz äußerer Freiheit beschränken und soweit wie möglich auf die Verwirklichung sonstiger inhaltlicher – also moralischer – Richtigkeitsvorstellungen verzichten. Gründe dafür sind:

→ **Freiheitsargument:** Ein Recht, dass sich an inhaltlichen Richtigkeitskriterien orientiert, schränkt die Freiheit des Menschen unnötig ein (dazu ausführlich unter Frage 1).

→ **Rechtssicherheitsargument:** Ein Recht, das in Orientierung an inhaltlichen Richtigkeitskriterien Pflichten auferlegen wollte, müsste vielfach mit Geboten statt Verboten arbeiten. Es ist sehr schwer, den Pflichtverstoß bei Geboten festzustellen. Zudem können Gebote immer nur sehr vage, Verbote dagegen scharf und deutlich formuliert werden.

→ **Pluralismusargument:** Die Durchsetzung *eines* Wertesystems in einer pluralistischen Gesellschaft ist nicht nur freiheitsgefährdend, sondern auch friedensgefährdend (siehe Iran, Nordkorea, Kuba). Ein friedliches Nebeneinander der Anhänger verschiedener Weltanschauungen ist nur gewährleistet, wenn das Recht sich darauf beschränkt, das friedliche

Miteinander zu sichern und sich einer Stellungnahme zu deren Richtigkeitskriterien enthält. Recht darf folglich auf keine anderen Werte bezogen werden als die seiner eigenen Existenzmöglichkeit.

→ **Demokratieargument:** Bei moralischen Geboten wird dem Rechtsanwender ein großer Ermessensspielraum überlassen. Er kann zum Beispiel entscheiden, ob er einschreitet oder nicht. Damit kann er seine eigenen moralischen Prinzipien an die Stelle des Gesetzgebers setzen. Es besteht also die Gefahr, dass demokratisch legitimierte Entscheidungen des Gesetzgebers unterlaufen werden.

Frage 3

Viele Konflikte zwischen Recht und Moral sind heute gegenstandslos, da das Recht – zumindest in der EU – viele moralische Forderungen aufgenommen hat. Zudem **verweisen** viele Gesetze auf außerrechtliche Moralvorstellungen. Beispiele: §§ 157, 242, 826 BGB (Verkehrssitte, Treu und Glauben, sittenwidrige Schädigung). Schließlich hat das Richterrecht moralische Vorstellungen zu einem Teil der Rechtsordnung gemacht, insbesondere im Arbeitsrecht.

Treten ansonsten Konflikte zwischen Recht und Moral auf, können rechtliche Normen faktisch unwirksam werden im Laufe der Zeit. Soll das Recht aber weiterhin durchgesetzt werden, kommt es zu Auseinandersetzungen bis hin zur **Revolution** (deutsche Bauernkriege, französische Revolution, amerikanischer Unabhängigkeitskrieg).

Literatur:

→ Radbruch, Rechtsphilosophie (Studienausgabe UTB), § 5: Recht und Moral, Seiten 41-49.

→ Zenthöfer, Rechtsphilosophie, Seiten 60-64 (Konflikt zwischen Recht und Moral, Beispiele des Nazi-Schergen und der Abtreibungsgegner, Nichtzahlen von Rundfunkgebühren).

Klausur 2

Aufgabe

Um sich die Funktion von Recht zu verdeutlichen, muß man fragen, wie menschliches Zusammenleben aussehen würde, wenn es keine sozialen Normen gäbe.

1. Rechtsphilosophen haben im Laufe der Geschichte diesen „Naturzustand" unterschiedlich beschrieben. Wie? Welcher dieser Beschreibungen würden Sie sich anschließen?

2. Heute leben Menschen nicht mehr im „Naturzustand", sondern unter den Regeln des Rechts. Welche Funktionen hat das Recht?

3. Nach Gustav Radbruch (1878 – 1949) besteht die Idee des Rechts aus „Rechtssicherheit", „Gerechtigkeit" und „Zweckmäßigkeit". Was meint er damit? In welchem Verhältnis stehen diese Rechtsinhalte zueinander?

Lösung

Frage 1

a) Der „Naturzustand" beschreibt einen vorstaatlichen Zustand. Darin leben die Menschen vereinzelt oder bereits in sozialen Strukturen. Die fiktive Vorstellung eines solchen Zusammenlebens dient als Grundlage zur Rechtfertigung einer Staatsgewalt. Dabei hängt deren Zweck und Umfang von der Vorstellung des Naturzustandes ab.

b) Bereits **Aristoteles** diskutiert diesen Zustand. Da der Mensch seiner Ansicht nach aber ein staatenbildendes Wesen (zoon politikon) ist, entwickeln sich alle menschlichen Gemeinschaften automatisch zu einem Staatsgebilde. Dies sei in der Form des Menschen so angelegt. Aristoteles schreibt abstrakt, dass der Zweck eines Dinges seine Veränderung bewirkt (Entelechie). So sei im Samen bereits der spätere Baum, im Menschen der spätere Staat enthalten. Grund dafür sei, dass der Mensch im Staat ein gutes Leben führen kann. Dort könne er seine Tugenden – Weisheit, Tüchtigkeit u.a. – entfalten.

c) In der Neuzeit nimmt **Hobbes** diesen Gedanken wieder auf. Er beschreibt in seinem Hauptwerk „Leviathan" den Naturzustand als einen „Krieg aller gegen alle". Maßgeblich geprägt ist sein Denken von einem äußerst pessimistischen Menschenbild. Den Kriegszustand schildert er als beständige Furcht und Gefahr eines gewaltsamen Todes. Für Fleiß sei in einer solchen Lage kein Raum, da man sich seiner Früchte nicht sicher sein kann. Folglich gebe es keinen Ackerbau, keine Schiffahrt, keine Künste, keine gesellschaftlichen Beziehungen. Das menschliche Leben sei einsam, ekelhaft, tierisch und kurz.

d) Bei **Locke** finden wir dagegen die Vorstellung einer natürlichen Moral, die ein friedliches Zusammenleben ermöglicht. Den Naturzustand beschreibt er als Zustand „vollkommener Freiheit und Gleichheit". Der Mensch habe natürliche Rechte auf Leben, Freiheit und Besitz an den Erträgnissen der eigenen Arbeit (life, liberty, estate). Gemeinsam sei dies das „Eigentum" eines Menschen (property).

Eigentumsrecht
(property)

keine Beeinträchtigung von **Leben** (life)	keine Beeinträchtigung von **Freiheit** (liberty)	keine Beeinträchtigung von **Besitz** (estate)

e) Bei **Pufendorf** stellt sich der Naturzustand als elendes, gefahrvolles Leben in isolierten Familienclans dar. Aus dieser Unbeholfenheit und aufgrund angeborener Neigung folge Sozietät.

f) Als paradiesischen Zustand beschreibt **Rousseau** den Naturzustand: Die Menschen sind isoliert voneinander, es gebe keine Kommunikation, alle seien gesund. Sprache oder Nachdenken existierten nicht, geschweige denn Industrie oder Künste. Der Mensch werde von seinen Bedürfnissen bestimmt. Er sei von Natur aus gut.

g) In der Moderne hat **Rawls** den Naturzustand ersetzt durch eine „original position". Dieser Urzustand solle so beschaffen sein, dass eine in ihm getroffene Grundvereinbarung über das spätere Zusammenleben *fair* zustandekommt. Rawls beschreibt also nicht einen tatsächlichen Zustand. Er benutzt die Idee der „original position" vielmehr als Ausgangspunkt eines Gedankenexperiments.

h) Die unterschiedlichen Vorstellungen vom Naturzustand lassen sich ableiten aus verschiedenen **anthropologischen Grundannahmen**. So glaubte Hobbes – der den englischen Bürgerkrieg miterlebte –, dass der Mensch von Natur aus böse sei. Dagegen glaubt Rousseau an den guten, friedlichen Menschen. Für die Frage, welcher Beschreibung des Naturzustandes man sich anschließt, ist also zuerst zu klären, welches Menschenbild man hat.

Dabei sprechen die Erfahrungen, die die Menschheit mit rechtlosen Zusammenschlüssen machen musste, für ein **negatives Menschenbild** (heutzutage: Somalia, Teile von Nigeria, Südsudan; fiktiv: „Herr der Fliegen"). Zwar ist der Mensch auch altruistisch und gut. Seine Triebhaftigkeit kann jedoch nicht geleugnet werden. Folglich sind Menschen im Naturzustand:

> → **Unberechenbar**, da sie von Instinkten gesteuert werden, solange dies nicht durch eine künstlich geschaffene Form der wechselseitigen Einschränkung reguliert wird (Gehlen).
> → **Konflikthaftig**, da alle Ressourcen stets begrenzt sind. Dagegen sind die menschlichen Bedürfnisse unbegrenzt: nach materiellen Gütern, aber auch nach Leben, Freiheit, Macht, Prestige.
> → **Selbstbezogen**: Im Gegensatz zu Tieren ist die Bereitschaft der Menschen, ihre eigennützigen Interessen hinter das Wohlergehen aller zurückzustellen, erheblich reduziert – selbst dann, wenn dies ihnen langfristig zum Nutzen dienen würde.

Ein menschliches Zusammenleben ohne Recht bedeutet daher **Unsicherheit**, weil aus Angst und Furcht eine planmäßige Gestaltung des eigenen Lebens kaum möglich wäre. Zudem bedeutet es **Gewalt**, da es einen ständigen unkontrollierten Kampf um die knappen Güter gibt. Schließlich mangelt es auch an einer allgemein vorteilhaften wirtschaftlichen Kooperation (**Ineffizienz**).

Frage 2

Funktion des Rechts ist es also zum einen, die Möglichkeiten zulässigen menschlichen Verhaltens zu begrenzen und damit **Sicherheit** zu geben. Zudem gewährleistet es, dass der Konflikt um knappe Güter auf friedlichem Wege ausgetragen wird (**sozialer Friede**). Schließlich erlaubt es Menschen, langfristig zu denken und zu planen und macht so eine allgemein vorteilhafte **soziale Zusammenarbeit** möglich.

Weiterhin gewährt das Recht **Freiheit** in Form von Abwehr- und Teilhaberechten. Es gibt den Menschen ein Gefühl der Identität und Zusammengehörigkeit. Damit hat also auch eine **Integrationsfunktion**.

Frage 3

Die Rechtsidee von Radbruch umfasst drei Wirkungsrichtungen:

Rechtssicherheit (Positivität)	**Zweckmäßigkeit** (soziale Gerechtigkeit)	**Gerechtigkeit** (Gleichheit)
Um des Rechtsfriedens willen muß der Rechtsinhalt autoritativ festgelegt werden; starke Betonung im Frühwerk.	Recht sollte auch relativ zweckmäßig sein.	Absoluter Wert, aber formal; stärkere Betonung im Spätwerk.

Radbruch leitet diese Wirkungsrichtungen ab aus zwei Denkmodellen, mit denen er während seiner Heidelberger Zeit in Kontakt gekommen war. Er übernahm zu einen den **Methodendualismus**, nach dem ein Sollenssatz nicht aus einem Seinssatz folgen kann (*there is no way from is to ought*). Zum anderen überzeugte ihn der **Wertrelativismus**, nach dem es keine überzeitlichen Werte gibt. Radbruch betrachtete die Rechtswissenschaft jedoch als *wertbeziehende* Kulturwissenschaft im Gegensatz zur wertüberwindenden Religion und zur wertblinden Naturwissenschaft.

„Wertbezogen" ist kein Widerspruch zu „wertrelativistisch": Nach Radbruch gibt es Werte auch für die Idee des Rechts. Diese Werte sind aber **historisch und sozial bedingt**, folglich nicht rational begründbar. Sie können sich im Laufe der Zeit verändern. Kein Wert darf aber – und das ist sein Wertrelativismus – einen objektiven Geltungsanspruch erheben. Deshalb ist Radbruchs Rechtsidee zwar mit Rechtssicherheit, Zweckmäßigkeit und Gerechtigkeit ausformuliert, aber inhaltsleer.

Als Inhalt der Gerechtigkeit benennt er allein die ***formale*** **Gleichheit**. Die Inhalte einer materialen Gerechtigkeit lässt er unausgesprochen. Jede materiale Gerechtigkeit sei abhängig von Parteiauffassungen, wobei keine Auffassung rechtsphilosophisch vorzugswürdig sei.

Für Radbruch gibt es folglich kein überzeitliches Modell einer sozialen Ordnung, sondern drei mögliche Sozialmodelle, die **gleichberechtigt** nebeneinander stehen und von verschiedenen gesellschaftlichen Richtungen vertreten werden.

Mögliche Sozialmodelle

Recht ist **individualistisch** am Einzelmenschen und an seiner Freiheit orientiert	Recht ist **überindividualistisch** auf die Gemeinschaft und die Macht des Staates orientiert	Recht ist **transpersonalistisch** orientiert mit dem Zweck, Kulturgüter zu schützen
↓	↓	↓
Mensch als Individuum (Liberale, Parteien der Mitte)	Mensch als Sozialwesen (Kommunismus, Nationalsozialismus)	Mensch als Schöpfer kultureller Werte (Katholizismus)

Für Radbruch ist die Entscheidung des Gesetzgebers nicht ein Akt der Wahrheit, sondern ein Akt des Willens und der Autorität. Er kann zwischen den streitenden Parteien den Machtkampf beenden, nicht aber den Meinungskampf. Dies würde die Zuständigkeit des Gesetzgebers überschreiten.

Literatur:

→ Hofmann, Einführung in die Rechts- und Staatsphilosophie, Dritter Teil, 1. Kapitel: Krieg aller gegen alle – das neue Denkmuster eines Naturzustandes, Seiten 123ff.

→ Radbruch, Rechtsphilosophie (Studienausgabe UTB), § 9: Antinomien der Rechtsidee = zu den drei Wirkrichtungen, Seiten 73-77.

→ Zenthöfer, Rechtsphilosophie, Seite 80 (Vorstellungen vom Naturzustand und daraus abgeleitete Ideen für den Staat).

Klausur 3

Aufgabe

Rechtsdogmatik – Rechtspolitik – Rechtsphilosophie – Rechtssoziologie. Im Staatsexamen ist nur das erstgenannte Fach von Bedeutung.

1. Was unterscheidet die hier genannten Disziplinen? Erläutern Sie dies auch anhand der unterschiedlichen Fragestellungen! Ist „Rechtsphilosophie" eine Disziplin der theoretischen oder praktischen Philosophie?

2. Für Eugen Ehrlich (1862 – 1922) ist das Recht eine „gesellschaftliche Erscheinung". Dagegen kommt es Hans Kelsen (1881 – 1973) darauf an, die juristische Begriffsbildung von „soziologischen Elementen zu befreien", da die Rechtswissenschaft eine normative Wissenschaft sei. Kelsen unterscheidet zwischen einer Welt kausal bestimmter Ereignisse und einer Welt des Geltens von Normen. Erläutern Sie diese berühmte Unterscheidung!

Lösung

Frage 1

a) Rechtswissenschaft befasst sich mit dem objektiven Recht. Es geht um die Kommentierung geltenden Rechts im Hinblick auf seine **richtige Auslegung** in einer systematischen Gesamtstruktur (Rechtsdogmatik) und seine **Fortbildung** (Rechtspolitik). Dagegen beschäftigt sich die Rechtsphilosophie mit der Frage, was Recht ist, d.h. wie der Begriff des Rechts zu bestimmen ist, und damit, welche Legitimationsgrundlagen es für Recht gibt, also mit der Geltung von Recht.

> Bis ins 17. / 18. Jahrhundert hieß diese Disziplin „Naturrecht". Heute verstehen wir unter „Naturrecht" überpositives Recht. Lassen Sie sich nicht verwirren, wenn Sie alte Originaltexte lesen!

b) Rechtsphilosophie ist ein Teil der praktischen Philosophie, da wir es mit der Beschreibung von praktischen Sätzen, also Normen ***vor*schreibenden** Sätzen, zu tun haben. Dagegen hat es die theoretische Philosophie (Erkenntnistheorie, Sprachphilosophie usw.) mit der Begründung von theoretischen Sätzen, also Tatsachen ***be*schreibenden** Sätzen zu tun. Die Geltung theoretischer Sätze (die theoretische Geltung von *Seins*sätzen) heißt Wahrheit, die Geltung praktischer Sätze (die praktische Geltung von *Sollens*sätzen) heißt Richtigkeit.

Beide Bereiche sind zu trennen. Wir können aus der Wahrheit unserer theoretischen Überzeugungen nicht auf die Richtigkeit praktischer Überzeugungen schließen.

c) Rechtsphilosophie fragt nach den materiellen Kriterien des Rechts, zum Beispiel danach, was inhaltlich legitimes Recht ist. Insoweit stellt sie eine **normative** Theorie des Rechts dar. Darüberhinaus ist Rechtsphilosophie aber auch **analytisch**, da sie allgemeine Bestimmungen zum Recht macht. Sie fragt beispielsweise nach den Voraussetzungen eines Sollensgebotes.

d) Dagegen analysiert die Rechtssoziologie das Recht **empirisch-faktisch**: Was wird in einer Gesellschaft zu einer bestimmten Zeit als Recht angesehen? Wie wird Recht zu Sitte und Konvention tatsächlich abgegrenzt? Rechtssoziologen erklären also, sie machen keine inhaltlichen Aussagen. In neuerer Zeit wurde die erfolglose Rechtssoziologie mehr und mehr abgelöst von der Biologie und der „Ökonomischen Theorie des Rechts". Die **Ökonomik** ist – was oft vergessen wird – die Mutter aller Sozialwissenschaften.

e) Wir können also sagen: Die Rechtssoziologie untersucht das Recht unter dem Aspekt seiner *sozialen* Geltung, die Rechtsphilosophie untersucht es unter dem Aspekt seiner *moralischen* Geltung.

> Teilgebiete der Rechtsphilosophie im weiteren Sinne sind:
> → **Staatsphilosophie** bzw. Allgemeine Staatslehre. Sie fragt nach dem Recht unter dem Aspekt seiner *Durchsetzbarkeit*.
> → **Sozialphilosophie**. Sie analysiert das Recht unter dem Aspekt seiner *Richtigkeit* in Form einer gerechten Verteilung sozialer Güter.
> → **Rechtstheorie** bzw. Allgemeine Rechtslehre. Sie behandelt das Recht unter dem Aspekt seiner *rechtlichen* Geltung.

Frage 2

Die Auseinandersetzung zwischen den beiden Genannten wird als „**Kelsen-Ehrlich-Streit**" bezeichnet und trug sich um 1910 zu. Für Ehrlich entsteht Recht aus gesellschaftlich regelmäßigem Verhalten. Dagegen trennt Kelsen scharf zwischen dem „Sein" und „Sollen". Das Recht kann nach Kelsen nur als Sollensregel betrachtet werden.

Was tatsächlich geschieht, was Menschen also etwa in einer bestimmten Hinsicht regelmäßig tun, und das, was die von Rechts wegen tun sollen, „muß selbst dann noch als etwas formal gänzlich Verschiedenes gelten, wenn der Inhalt der Normen, die bestimmen, was geschehen soll, mit dem Inhalt jener Regeln zusammenfällt, die aussagen, was tatsächlich geschieht." Kelsen **trennt also Sein und Sollen**, Bericht und Gebot, Beschreibung und Vorschrift. Deshalb unterscheiden wir heute zwischen normativer Rechtsphilosophie und empirischer Rechtssoziologie.

Das Phänomen, dass sich aus Aussagen keine normativen Sätze ableiten lassen, ist zum ersten Mal von **Hume** 1739 formuliert worden. Aus dem was ist, etwa daraus wie sich viele, oder fast alle verhalten, lässt sich nicht ohne weiteres schließen, wie man sich verhalten soll. Wer dies doch tut, unterliegt dem „**naturalistischen Fehlschluß**". Zwar bildet das Wissen um die Tatsachen ein wichtiges Motiv für normative Aussagen, aber in keinem Fall einen logisch zureichenden Grund.

There ist no way

from „is" ——— © ———▶ **to „ought"**

Aus einer nicht-moralischen Tatsachenfeststellung
kann niemals ein moralischer Schluß gezogen werden.

Der Gegensatz von Sein und Sollen ist zur Grundlage des **Kant**ischen Systems geworden, das Logik und Empirie der reinen Vernunft und Werturteile der praktischen Vernunft zuordnet. Daraus hat sich der Methodendualismus entwickelt und – teilweise – der Relativismus. Wichtigster Vertreter im 20. Jahrhundert war, neben Kelsen, Radbruch.

Der Gegensatz von Sein und Sollen hindert nur den logischen, nicht den psychologischen Schluß vom Sein auf das Sollen, Psychisch schließen wir jeden Tag von einem Sein auf ein Sollen: Wir beobachten, wie sich andere verhalten und verhalten uns dementsprechend. Wir glauben, dass das Verhalten anderer verbindlich ist. G. Jellinek nannte dies die „**normative Kraft des Faktischen**".

Sollenssätze arbeiten mit dem Prinzip der **Zurechnung**. „Wenn A ist, soll B sein." Beispiel: Wenn Hans-Quentin bei rot über die Straße fährt, soll ihm der Führerschein entzogen werden. **Seinssätze** arbeiten mit dem Prinzip der **Kausalität**: „Wenn A ist, so ist B." Beispiel: Wenn alle Menschen Eltern haben und Hans-Quentin ein Mensch ist, dann hat Hans-Quentin Eltern.

Literatur:

→ Röhl, Allgemeine Rechtslehre, § 14: Die Dichotomie von Sein und Sollen (mit Originalzitaten von Hume und Jellinek).

→ Zenthöfer, Rechtsphilosophie, Seiten 57ff. (weitere Erläuterung zum naturalistischen Fehlschluß, Beispiel zum psychologischen Schluß vom Sein zum Sollen).

Klausur 4

Aufgabe

a) *„Derjenige, der einen Wunsch äußert und für den Fall der Nichtbefolgung dieses Wunsches ein Übel bereithält, gibt einen Befehl; derjenige, der das Übel zu gewärtigen hat, falls er dem Wunsch nicht nachkommt, ist durch den Befehl gebunden oder verpflichtet. Das im Fall der Nichtbefolgung eines Befehls, das heißt der Verletzung einer Pflicht, voraussichtlich zu erleidende Übel wird häufig als Sanktion oder als Erzwingungsmittel des Gehorsams bezeichnet."*

b) *„Die Tatsache, dass irgend jemand etwas befiehlt, ist kein Grund, den Befehl als gültige, das heißt für den Normadressaten verbindliche Norm anzusehen. Nur eine kompetente Autorität kann gültige Normen setzen; und nur auf einer zur Normsetzung ermächtigenden Norm kann solche Kompetenz beruhen. (...) Wie erwähnt, ist die Norm, die den Geltungsgrund einer anderen Norm darstellt, dieser gegenüber eine höhere Norm. Aber die Sache nach dem Geltungsgrund einer Norm kann nicht, wie die Suche nach der Ursache einer Wirkung, ins Endlose gehen. Sie muß bei einer Norm enden, die als letzte, höchste vorausgesetzt wird: die Grundnorm."*

c) *„Jedoch bringt die Konzeption der fundamentalen Norm als einer „Hypothese" oder eines „Axioms", dessen „Gültigkeit vorausgesetzt" oder „postuliert" wird, eine Reihe ganz unpassender, quasi-mathematischer Ausdrücke ins Spiel. Wir könnten uns zwar mit ihnen abfinden, wenn das die einzige Alternative zur Theorie der „Gehorsamsgewohnheit" wäre. Aber es gibt eine dritte Möglichkeit: Man kann sich zur Beschreibung der relevanten Fakten anstatt auf Gewohnheiten auf die in einer sozialen Gruppe tatsächlich akzeptierten Normen beziehen."*

Die Texte stammen von verschiedenen Autoren. Der Text a) wurde chronologisch zuerst, der Text c) zuletzt geschrieben.

1. Worin stimmen die Autoren bei der Frage der Geltung des Rechts überein? Welche Kritik üben die Autoren aneinander? Was schlagen sie stattdessen vor?

2. Auf welcher grundlegenden Annahme basiert die Gemeinsamkeit?

3. Kann die Wirksamkeit einer Norm auch von ihrer tatsächlichen Befolgung oder Anerkennung abhängen?

Lösung

Frage 1

a) Es handelt sich um Texte des **Rechtspositivismus**. Alle drei vertreten die Ansicht, dass sich die Wirksamkeit einer Norm aus ihrer autorativen Gesetztheit ergibt. Im ersten Text formuliert der Verfasser [John **Austin**] eine Theorie des Befehls. Recht ist für ihn die Summe jener Regeln, die von der höchsten politischen Gewalt eines unabhängigen Gemeinwesens ausgehen und an die Mitglieder dieses Gemeinwesens gerichtet sind. Recht gilt also deshalb, weil es als Imperativ durch die höchste Gewalt – den Souverän – begründet wird. Deshalb bezeichnet man diese Theorie als „**Imperativtheorie**".

b) Auch der Verfasser des zweiten Textes [Hans **Kelsen**] geht davon aus, dass Recht von einer Autorität gesetzt wird. Es handelt sich also um eine **Zwangsordnung**. Jedoch wird die Imperativtheorie kritisiert und modifiziert. Kritisiert wird, dass sich die Verbindlichkeit eines Befehls daraus ergeben soll, dass eine Person die Macht hat, Gehorsam zu schaffen. Dann könnte auch der Chef einer Räuberbande Recht setzten. Modifiziert wird die Theorie des ersten Textes dadurch, dass eine Norm dann gültig ist, wenn sie sich aus einer anderen Norm ableiten lässt. Diese andere Norm muß sich wieder von einer Norm ableiten lassen, usw. Zuletzt steht – um einen infiniten Regreß zu vermeiden – die **Grundnorm**.

Die Grundnorm begründet die objektive Geltung. Es handelt sich also um einen Stufenbau einander über- und untergeordneter Normen. Eine Rechtsnorm gilt nicht darum, weil sie einen bestimmten Inhalt hat, sondern darum, weil sie in einer bestimmten Weise erzeugt ist.

c) Schließlich geht auch der Verfasser des dritten Textes [Herbert **Hart**] davon aus, dass Recht autorativ gesetzt wird. Auch er stellt sich die Frage, wie die Geltung einer Norm begründet werden kann. Dabei lehnt er einen Stufenbau der Rechtsordnung mit einer Grundnorm an der Spitze – wie er vom zweiten Verfasser vorgeschlagen wird – ab. Er hält diese Methode für zu mathematisch. Stattdessen steht an der Spitze der Rechtsordnung eine Norm, weil sie de facto **akzeptiert** wird. Wenn man also feststellt, dass Normen in der tatsächlichen Praxis einer Gruppe existieren, dann sei es absurd, so zu tun, als seien diese Normen gültig oder ungültig oder als müsse man ihre Gültigkeit voraussetzen oder postulieren.

Frage 2

Die Generalthese des Rechtspositivismus ist, dass kein notwendiger Zusammenhang zwischen Recht und Moral besteht. Jeder beliebige Inhalt, auch einer, der gegen fundamentale Prinzipien des Rechts verstößt, kann positives Recht sein. Diese Trennung von Moral und positivem Recht wird als „**Trennungsthese**" bezeichnet. Grund für die Trennung ist, dass keine Garantie besteht, dass eine Moral, die der Richter oder Bürger in seinen Rechtsbegriff aufnimmt, tatsächlich eine „aufgeklärte" Moral ist (**These des ethischen Relativismus**).

Es besteht folglich die Gefahr, dass der Rechtsunterworfene bzw. –anwender einem moralischen Rechtsbegriff seine *eigenen* moralischen Vorstellungen zugrundelegt. Diese Vorstellungen könnten weniger aufgeklärter (humaner, gerechter) sein als die Vorstellungen des Rechtserzeugers.

Deshalb sagen die Rechtspositivisten, dass das Recht aus Gründen der Praktikabilität neutral zu bestimmen ist (**Neutralitätsthese**).

Frage 3

a) Während die Verfasser der Texte a)-c) die Wirksamkeit einer Norm aufgrund ihrer autorativen Gesetztheit bestimmen und sich nur darin unterscheiden, wie der Gesetzgeber legitimiert sein muß, bestimmen Rechtssoziologen die Geltung nach anderen Kriterien.

b) Einige halten die **soziale Wirksamkeit** für entscheidend. Sie beziehen sich auf den Außenaspekt einer Norm, also die tatsächliche Befolgung durch die Rechtsunterworfenen und die Anwendung durch die dafür bestimmten Personen (Verwaltung, Gerichte).

→ **Max Weber**: „Eine Ordnung soll heißen (...) Recht, wenn sie äußerlich garantiert ist durch die Chance physischen oder psychischen Zwangs durch ein auf Innehaltung oder Ahndung der Verletzung gerichtetes Handeln eines eigenes darauf eingestellten Stabes von Menschen."

→ **Theodor Geiger**: „Recht ist die soziale Lebensordnung eines zentral organisierten gesellschaftlichen Großintegrats, sofern diese Ordnung sich auf einen von besonderen Organen monopolistisch gehandhabten Sanktionsapparat stützt."

Max Weber meint mit „**Rechtsstab**" eine Gruppe von Menschen, deren Aufgabe es ist, das Recht zu erzwingen. Dabei hält er es nicht für notwendig, dass eine richterliche Instanz vorhanden ist. Auch die Sippe (bei der Blutrache und Fehde gelten) könne ein solcher Stab sein, wenn für sie Ordnungen irgendwelcher Art tatsächlich gelten.

c) Andere stellen auf den Innenaspekt der tatsächlichen Bereitschaft der Befolgung und / oder ihrer Anwendung, also die **Anerkennung**, ab.

→ **Ernst Rudolf Bierling**: „Recht im juristischen Sinne ist im allgemeinen das, was Menschen, die in irgendwelcher Gemeinschaft miteinander leben, als Norm oder Regel dieses Zusammenlebens wechselseitig anerkennen."

→ **Niklas Luhmann**: „Wir können das Recht ... definieren als Struktur eines Gesellschaftssystems, die auf kongruenter Generalisierung normativer Verhaltenserwartungen beruht."

<u>Literatur:</u>

→ Mohr, Rechtsphilosophie; in: Gniffke / Herold (Hrsg.): Philosophie – Promfelder und Disziplinen, Seiten 45-48 (ausführlich zu Kelsen und Hart, auch zu Hobbes).

→ Zenthöfer, Rechtsphilosophie, Seiten 17ff. (die drei Ansichten im Rechtspositivismus: autorative Gesetztheit, soziale Wirksamkeit, Anerkennung; was spricht dafür, was dagegen?).

Klausur 5

Aufgabe

Der Begriff des positiven Rechts erhält seine Bedeutung erst vor dem Hintergrund des Naturrechts als Gegenbegriff. Naturrecht wäre das Recht, das gilt, auch wenn es weder gesetzt noch sozial wirksam noch anerkannt ist. In den Worten des englischen Juristen William Blackstone:

„This law of nature, beeing co-eval with mankind and dictated by God himself, is of course superior in obligation to any other. It is binding over all the globe, in all countries and at all times; no human laws are of any validity, if contrary to this; and such of them as are valid derive their force, and all their authority, mediately or immediately, from this original."

Stellen Sie die Gedanken und Geschichte des Naturrechts dar!

Lösung

a) Die Naturrechtstheorien gehen nicht nur davon aus, dass es soetwas wie überpositive Normen gibt – das geben auch die Rechtspositivisten zu –, sie nehmen auch an, dass zwischen beiden Bereichen eine Verbindung besteht. Während das positive Recht kodifiziert ist, findet sich das „natürliche Recht" in keiner Gesetzessammlung. Es besteht aus zahlreichen **ungeschriebenen Prinzipien** und Abwägungen, über die sich die Naturrechtler selbst nicht alle einig sind und die sich nach Meinung einiger von ihnen auch ändern können.

b) Die grundsätzliche Frage lautet: Ist Recht an sich indifferent gegen seine Inhalte? Kann alles Recht sein, egal welchen Inhalts, wenn es nur den vorgesehenen Verfahren entsprechend zustandekommt? Ist ausschließlich die Positivität oder die verfahrensrechtliche Korrektheit der Erzeugung der Normen ausschlaggebend für die Rechtsgeltung? Oder gibt es nichtpositivierte, „überpositive" Maßstäbe der Richtigkeit des Rechts? Die Naturrechtler bejahen letzteres.

Bereits **Aristoteles** hat die zwei Arten von Recht unterschieden: „Das Recht eines staatlichen Gemeinwesens (das Polisrecht) ist teils natürliches Recht (physei dikaion; Naturrecht), teils gesetzliches positives Recht (nomo dikaion). Das natürliche Recht hat überall die gleiche Gültigkeit und ist unabhängig von der Zustimmung oder Nicht-Zustimmung der Menschen."

c) Nach der **starken Version des naturrechtlichen Rechtsbegriffs** (Hooker) muß das positive Recht unmittelbar aus dem Naturrecht entspringen. Problematisch dabei ist, dass es nicht genügend einsichtiger moralischer Grundsätze gibt, die den Inhalt des Rechts positiv bestimmen. So ist es kaum möglich, z.B. rechtliche Detailvorschriften über den Bauwich, direkt aus objektiv gültigen moralischen Grundsätzen abzuleiten.

d) Deshalb hat sich die **schwache Version des naturrechtlichen Rechtsbegriffs** durchgesetzt. Danach genügt es, wenn die Regeln des positiven Rechts mit den grundlegenden moralischen Normen in Einklang stehen, das heißt, nicht in krasser Weise gegen sie verstoßen. Umstritten ist aber, woraus sich die genannten grundlegenden Normen ableiten und welchen Inhalt sie haben.

Was ist Recht?

nur das positive Recht (Rechtspositivismus)	**das positive Recht, welches sich direkt aus dem Naturrecht ableitet** (starke Version des naturrechtlichen Rechtsbegriffs)	**das positive Recht, das nicht in krasser Weise gegen das Naturrecht verstößt** (schwache Version des naturrechtlichen Rechtsbegriffs)

Umstritten: Woher kommen die Grundsätze des Naturrechts?

1. Meinung: Recht ist allein das, was nicht der Natur des Menschen widerspricht (**anthropologisches Naturrecht**, Platon)	2. Meinung: Recht ist allein das, was nicht der göttlichen Ordnung widerspricht (**christliches Naturrecht**, zB Thomas)	3. Meinung: Recht ist allein das, was nicht der Vernunft widerspricht (**rationales Naturrecht**, zB Cicero, Althusius, Kant)

e) Die ursprünglichste Vorstellung von Naturrecht war der naive Glaube, dass die Gesetze des Rechts sich von denen der Natur nicht unterscheiden. **Platon** meinte, der Mensch habe von Natur aus ein Wissen von Recht und Unrecht. Jedoch könnten nur wenige die „Dinge an sich", die Ideen der Dinge, und damit auch die Ideen des Rechts, erkennen – die Philosophen. Alle anderen, also Handwerker, Arbeiter und Wächter, sähen nur Abbilder der Dinge. Deshalb sollten die Philosophen den Staat regieren.

Dagegen wandten sich die **Sophisten**. Sie prägten die fundamentale Antithese von *physis* und *nomos* (Natur und bloße Setzung). Damit wurde die Tradition der Einheit des mythischen Denkens aufgelöst. Die Polis erscheint nun von Menschen gemacht, sie beruht nicht auf Wahrheit, sondern auf bloßer Meinung und kann deshalb von jedem kritisiert werden (nicht nur von den Philosophen!).

Aristoteles fand die Ideen nicht in der Transzendenz, wo Platon sie angesiedelt hatte (und wo sie nur den Philosophen zugänglich waren), sondern in der Realität, in den Dingen selbst. Er versuchte, aus dem Wesen der Dinge mit der Vorstellung objektiver Zwecke zu Wertungen zu kommen. Dieses Naturrecht habe überall dieselbe Autorität und hänge nicht von den Menschen ab. Davon sei das positive Recht zu unterscheiden. Allerdings könnten verschiedene Völker ein unterschiedliches Naturrecht haben.

f) Die **Stoa** (wichtigster Vertreter: Cicero) entwickelte ein kosmologisches Naturrecht. Im Rahmen einer hierarchisch gestuften göttlichen Weltordnung (griech. kosmos) mit ihrem ewigen Gesetz bilde das nicht geschriebene, aber natürliche Gesetz den Grund und das kritische Maß für das positive Recht.

Cicero meint, dass das Gesetz, das die dem Menschen erkennbare Welt durchwaltet, das **Gesetz der Vernunft** (logos) sei. Er gebraucht diesen Begriff weit und unscharf, weil der Mensch die damit bezeichnete Sache nicht voll erfassen könne. Dies erinnert an Platons Ideen des Guten.

Der stoische logos ist, obwohl nicht voll erfassbar, für den Menschen Richtschnur des gerechten Handelns: Man solle geduldig alle Ungleichheit ertragen, sich selbst aber als gütig erweisen. (Daher der heute noch gebrauchte Begriff der „stoischen Haltung").

Cicero erkennt im „logos" ein **ewiges Gesetz** (lex aeterna), das „weder in den Köpfen der Menschen erdacht noch durch Volksbeschluß festgelegt worden, vielmehr ewig ist“. Von diesem ewigen Gesetz leiten sich die physikalischen Naturgesetze ebenso ab wie die moralischen Gesetze der Vernunft, die das Gute und Gerechte gebieten. Wer diesen moralischen Gesetzen folge, erkenne ein natürliches Recht (Naturrecht / ius naturale) und handele damit tugendhaft.

logos (Vernunftgesetz)

↓

lex aeterna (ewiges Weltgesetz)

↙ ↘

physikalische Gesetze
(Bsp.: Schwerkraft)

ius naturale (Naturrecht)
moralische Gesetze der Vernunft,
Bsp.: Du sollst nicht töten

↙

Das **menschliche Gesetz** (nomos) soll mit dem Naturrecht übereinstimmen.

Dieses natürliche Recht (Naturrecht / ius naturale) stehe nicht zur Disposition des irdischen Gesetzgebers, sondern sei Prüfschema für alle irdischen Gesetze: „Diesem Gesetz etwas von seiner Gültigkeit zu nehmen, ist Frevel, ihm irgend etwas abzudingen, unmöglich, und es kann ebensowenig als ganzes außer Kraft gesetzt werden.“ Im Extremfall gebiete das Naturrecht sogar, sich gegen die Staatsgewalt zu wenden, wenn diese in die Hände von Tyrannen fällt.

g) Im christlichen Mittelalter wurde aus der lex aeterna die **lex divina**, das göttliche Gebot. Zuerst übernahm Augustinus die platonische Ideenlehre und die Vorstellungen der Stoa von einer Weltvernunft (logos) und einem ewigen Weltgesetz (lex aeterna). Er ersetzte den „logos“ jedoch durch die christliche Offenbarung und machte damit aus dem kosmologischen Naturrecht ein theologisches Naturrecht.

Später versuchte auch **Thomas von Aquin**, die traditionellen Vorstellungen für die christliche Lehre fruchtbar zu machen. Der Glaube helfe, das ewige Weltgesetz, also die göttliche Weisheit, zu erkennen. Wie bereits bei Cicero soll auch bei Thomas das positive Recht das Naturrecht verwirklichen – doch nun ist es, wie gesagt, ein christliches. Nach Thomas schließen sich Philosophie („Vernunft") und Theologie („Glaube") nicht aus. Vielmehr seien es nur unterschiedliche Herangehensweisen an ein und dieselbe Sache. Der Mensch könne einerseits die objektive Wirklichkeit mittels seiner Vernunft erkennen. Andererseits gebe es eine über diese natürliche Wahrheit hinausgehende, übernatürliche Wirklichkeit, die man nur im Glauben erfahren könne. Gleichwohl bestehe keine Verdoppelung der Wahrheiten, da beide von Gott stammten.

Im Spätmittelalter setzt sich ein **Voluntaristisches Vernunftrecht** durch (Duns Scotus, Wilhelm von Ockham). Die Unterschiede zur Lehre von Thomas von Aquin sind nicht groß. Jedoch wird die Erkennbarkeit des göttlichen Gesetzes durch den „einfachen" Menschen nicht mehr geleugnet. Zudem reduzieren sie das verbindliche Naturrecht auf zwei Metaaussagen: „das Gute ist zu suchen, das Böse zu meiden", sowie: „Gott ist gut". Alle weiteren Verbote seien unverbindlich und deshalb der freien Regelungskompetenz des Gesetzgebers überantwortet.

h) In der Neuzeit löst sich das Naturrecht aus seinem religiösen Begründungszusammenhang. Thomasius trennt Recht von Moral (Trennungsthese). Hobbes verzichtet auf fast alle Elemente einer vom Menschen unabhängigen Natur- oder Schöpfungsordnung und legitimiert den Staat durch Vertrag.

Kant macht aus dem Naturrecht ein **Vernunftrecht**. Für ihn liegt das Fundament und das Maß des Naturrechts in der rechtlich-praktischen Vernunft. Es gebe „zu aller positiver Gesetzgebung die unwandelbaren Prinzipien der Gerechtigkeit". Kant zeigt, dass überall dort, wo freie Personen zusammenleben, ein zwangsfähiges Rechtsverhältnis moralisch geboten ist, und begreift es als „Inbegriff der Bedingungen, unter denen die Willkür des einen mit der Willkür des anderen nach einem allgemeinen Gesetze der Freiheit zusammen vereinigt werden kann".

Deshalb liegt das einzig angeborene Recht des Menschen als Menschen in der Freiheit, „sofern sie mit jedes Anderen Freiheit nach einem allgemeinen Gesetze bestehen kann". In Kants naturrechtlichem Begriff des Rechts, und auch des Staates, ist deren Legitimation von vornherein mit einer prinzipiellen Limitation verbunden.

Nach der Französischen Revolution verliert das Naturrecht an Bedeutung. In England entwickeln Austin und Hobbes sowie die Utilitaristen (Bentham, Mill) einen mächtigen Rechtspositivismus. Die Kodifikationen der Gesetze zeitigen das gleiche Ergebnis.

i) In der zweiten Hälfte des 20. Jahrhunderts erlebt das Naturrechtsdenken eine Renaissance. **Dworkin** meint gegen Hart, Recht sei nicht auf Rechtsregeln reduzierbar. Hart hatte vorgeschlagen, die Unterscheidung von Recht / Nicht-Recht durch eine „Erkennungsregel" durchführen zu lassen. Recht sei danach alles, was von anderem Recht ableitbar sei (genealogisch = Stammbaum). Dagegen meint Dworkin, das es vor allem in komplexen Gesellschaften keinen solch einfachen Test gebe.

Recht müsse noch Entscheidungsorientierungen umfassen, die, obwohl sie keine Rechtsregeln im positiven Sinne sind, dennoch konstruktiv in die Rechtspraxis hineinwirken: **Prinzipien**, Wertvorstellungen, soziale Zielrichtungen. Nach Dworkin unterstellt Hart mit der von ihm vorgeschlagenen Erkennungsregel als letzter Regel der Identifizierung von Recht ein zu einfaches Modell der Einheit des Rechts.

> Nach positivistischer Auffassung (= Hart) wird in sog. Grenzfällen kein Recht angewandt. Die gültigen Rechtsregeln reichten dann zur Entscheidung nicht aus. Es gelte dann das freie richterliche Ermessen, welches keine Durchsetzung juristischen Rechts sei, sondern neue Maßstäbe setze.

Dworkin wendet sich gegen diese Auffassung. Es gebe kein solches freie Ermessen des Richters. Auch in Grenzfällen („**hard cases**") sei nur *eine* Entscheidung richtig. Der Richter sei durch Prinzipien rechtlich gebunden. Nach Dworkin ist es jedoch unmöglich, all diese Prinzipien aufzuschreiben oder gar in einer „Erkennungsregel" (Hart) zu vereinen.

Um zu bestimmen, welche Prinzipien in einer Rechtsordnung gültig sind, schlägt Dworkin eine Methode vor, die er „**Doktrin der institutionellen Stützung**" nennt: „Ein Prinzip ist ein Prinzip des Rechts, wenn es Bestandteil der überzeugendsten Theorie des Rechts ist, die als Rechtfertigung der gegebenen inhaltlichen und institutionellen Regeln für die betrachtete Rechtsprechung dient."

Dworkin geht also davon aus, dass jeder bestehenden Rechtsordnung implizit eine normative Theorie des Rechts zugrundeliegt, aus der sie ihre Rechtfertigung bezieht. In dieser Theorie seien die Prinzipien zu finden. Ein idealer „**Richter Herkules**" müsste eine umfassende Theorie abstrakter und konkreter Prinzipien formulieren. Daraus gingen dann die Rechte der Streitparteien – auch in Grenzfällen – eindeutig hervor.

j) Der Kieler Rechtsphilosoph **Alexy** versteht solche Prinzipien als **Optimierungsgebote**. Alle entwickelten Rechtssysteme enthielten solche Gebote. Im demokratischen Rechtsstaat verlangen die Prinzipien als Optimierungsgebote die möglichst weitgehende Realisierung der Grundprinzipien der Verfassung: Menschenwürde, Freiheit, Gleichheit, Rechtsstaatlichkeit, Demokratie und Sozialstaatlichkeit. Prinzipien gehören nach Alexy zum Recht, da sie Argumente darstellen, auf die sich die Rechtsanwendung stützen muß, wenn sie den – dem Rechtsbegriff immanenten – Anspruch auf Richtigkeit erfüllen will.

k) Höffe vertritt folgende Definition des Rechts: Recht ist (1) eine zwangsfähige Ordnung von Regeln, die (2) von autorisierten Personen aufgrund entsprechender Befugnisse erzeugt werden, wobei (3) diese Ordnung insgesamt dem Vorteil aller Betroffenen dienen muß. – Damit vertritt er einen naturrechtlichen Rechtsbegriff, weil das Element (3) die Geltung von Recht an ein Gerechtigkeitskriterium bindet.

<u>Literatur:</u>

→ Braun, Rechtsphilosophie im 20. Jahrhundert, Seiten 181 – 222 (zu Dworkin, insb. Prinzipienlehre ab Seite 197, zum Richter Herkules Seite 205).

→ Zenthöfer, Rechtsphilosophie, Seiten 20ff. (Begründung und Einwände gegen das Naturrecht, Argument des Relativismus).

Klausur 6

Aufgabe

Das Naturrecht hat immer wieder versucht, nichtpositive Richtigkeitskriterien rational zu begründen. Dabei ist fraglich, ob Wertungen („Natur des Menschen", „christlicher logos", „Vernunft", „Prinzipien") einem rationalen Wahrheitsbeweis zugänglich sind.

1. Welche Ansichten gibt es darüber in der analytischen Philosophie?

2. Weil man keine rationale Begründungen für normative Aussagen geben kann, untersuchen manche die Anforderungen an den Begründungsprozeß als solchen. Unter welchen Umständen muß eine Bewertung zustandegekommen sein, damit sie als gültig betrachtet werden kann?

Lösung

Frage 1

a) Ob nichtpositive Richtigkeitskriterien rational begründet werden können, ist in der analytischen Philosophie umstritten. Die Kognitivisten bejahen die Frage, die Nonkognitivisten verneinen sie.

(1) Im Kognitivismus gibt es zwei wichtige Richtungen. Manche sagen, normative Urteile wie „gut" oder „gerecht" können durch empirisch-deskriptive Ausdrücke definiert werden. Die normative Aussage, ein Urteil sei gerecht, lasse sich definieren durch Aussagen wie die, dieses Urteil stifte langfristig Frieden zwischen den Parteien. Dieser Schluß von deskriptiven Beobachtungen auf normative Urteile heißt „**metaethischer Naturalismus**". Er ist abzulehnen, da er ein Schluß vom Sein zum Sollen und damit einen naturalistischen Fehlschluß darstellt.

(2) Andere Kognitivisten – und das ist die zweite Richtung – behaupten die intuitive Erkennbarkeit von Werten. Intuition (von lat. „Schau") meint damit das unvermittelte, vollständige Erfassen eines Gegenstandes, das keine Zweifel zuläßt, also evident ist. Mit Gefühl habe dies – so die Vertreter des **Intuitionismus**, insbesondere Moore – nichts zu tun. Vielmehr sei dies rational, da das intuitiv erkannte Gute in allgemeingültigen, für jedermann verbindlichen Urteilen formulierbar ist. Problematisch ist, dass es keine Evidenz dafür gibt, ob etwas „evident" oder „nicht evident" ist.

b) Der Kognitivismus ist damit abzulehnen. Der Nonkognitivismus verneint die Existenz rationaler Begründungen für Richtigkeitskriterien. Auch hier sind zwei wichtige Richtungen zu nennen.

(1) Ayer meint, dass Wertungen nichts behaupten können, was einem Wahrheitsbeweis zugänglich ist. Eine moralische Argumentation – zum Beispiel mit der „Vernunft" – sei keine logische Ableitung, sondern stets eine persönliche Stellungnahme. Folglich können Wertungen nur Gefühle ausdrücken oder hervorrufen. Diese Richtung nennt man daher „**Emotivismus**", von „Emotion".

(2) Dem kann sich Hare nur beschränkt anschließen. Er glaubt, das Wertungen nicht nur Gefühle ausdrücken, sondern auch Aussagen treffen darüber, was getan werden soll (lat. praescribere vorschreiben = deshalb nennt man diese Richtung **Präskriptivismus**). Wertende Prädikate haben nämlich die sprachlogische Eigenschaft, dass sie universalisierbar sind: Wenn wir etwas als gut beurteilen, dann beurteilen wir implizit alle Personen, Sachverhalte und Taten gleicher Beschaffenheit als gut. Folglich kann aus Wertungen der Gleichheitssatz begründet werden – mehr aber auch nicht.

Im Ergebnis bleibt also festzustellen, dass es – bis vielleicht auf die Begründbarkeit des Gleichheitssatzes – keine überzeugende Begründbarkeit nichtpositiver Richtigkeitskriterien gibt.

Frage 2

a) Wie gesehen, kann man normative Aussagen nicht rational begründen. Man kann normative Aussagen aber aus anderen normativen Aussagen ableiten. Doch diese Ableitung führt zu einem **infiniten Regreß**, wenn wir nicht irgendwann das Verfahren abbrechen. Zudem besteht die Gefahr, dass wir in einen **logischen Zirkel** hineingeraten. Das heißt, man greift beim Begründungsverfahren auf Aussagen zurück, die vorher schon als begründungsbedürftig aufgetreten waren. Statt immer weiterer Begründungen einer normativen Aussage zu suchen, fragt man sich also nach den Anforderungen an den Begründungsprozeß als solchen.

b) Dabei gibt es verschiedene Richtungen in der Rechtsphilosophie. Einige sagen, richtig ist, was im Konsens entschieden wird. Andere versuchen eine Letztbegründung. Und zuletzt wollen manche für die Geltung einer Norm ihre tatsächliche Anerkennung durch die Betroffenen ausreichen lassen.

Nichtpositive Richtigkeitskriterien lassen sich
nicht rational begründen (hM)

↓

Also stellt man zur Begründung von solchen Kriterien
Anforderungen an den Begründungsprozeß

Konsensuelle Richtigkeitstheorien	Versuch einer Letztbegründung	Anerkennung der Norm durch die Betroffenen

(1) Nach den **konsensuellen Richtigkeitstheorien** ist richtig, was im Konsens entschieden ist. Dieser Konsens kann durch einen Gesellschaftsvertrag oder im Diskurs erreicht werden.

(aa) Nach der Lehre vom **Gesellschaftsvertrag** schließen die Menschen eine Vereinbarung, aus der Staat und Herrschaft entstehen. Folglich ist der Staat ein Ergebnis gegenseitiger Übereinkunft, weswegen jeder Pflichten akzeptieren muß: „Volenti non fit injuria" = wer zustimmt, dem geschieht kein Unrecht.

> Begründer der modernen Vertragstheorien ist Hugo Grotius, der den Grundsatz „pacta sunt servanda" formulierte. Danach sind Verträge zu halten. Dies sei eine Grundlage der Gerechtigkeit und „selbstverständlich" – folglich nicht weiter begründungsbedürftig.

Verschiedene Rechtsphilosophen der Neuzeit haben den Gesellschaftsvertrag zur Grundlage ihre Theorie gemacht. Hobbes, Locke, Rousseau und Kant gehen davon aus, dass sich der Mensch im Naturzustand nicht entwickeln kann oder zumindest gefährdet ist. Ein Vertrag führt dann zur **Legitimation** eines bürgerlichen Zustandes.

Dabei sind die Verträge unterschiedlich ausgestaltet. Bei Hobbes sind es zwei Teilverträge, die gleichzeitig als ein Vertrag geschlossen werden: Ein Gesellschafts- und ein Unterwerfungsvertrag. Rousseau dagegen entwickelt den Sozialvertrag (contract sociale).

Problematisch bleibt aber, warum die Verträge gelten. Oder anders: Warum gilt der Grundsatz „pacta sunt servanda"? Dies müssen Vernunftgründe sein. So schnell sind wir wieder beim alten Problem. Rawls wird später versuchen, dieses Problem durch einen komplizierten Abstimmungsmodus zu lösen.

(bb) Die **Diskursethik** versucht zu beweisen, dass eine Norm gültig ist, wenn die Folgen, die sich aus ihrer allgemeinen Befolgung für die Befriedigung der Interessen eines *jeden einzelnen* ergeben, von *allen Betroffenen* akzeptiert werden können. Dies setze einen Diskurs in einer „idealen Sprechsituation" voraus. Ideal sei die Sprechsituation nach **Habermas** unter anderem, wenn alle zu Wort kommen und Widersprüche nicht zugelassen sind.

Problematisch ist, dass eine solche Situation in der Praxis nicht vorstellbar ist. Zudem ist es wenig hilfreich, wenn alle Diskursteilnehmer ein faktisches Veto erhalten. Schließlich ist fraglich, wer darüber entscheidet, ob ein Diskurs gleichberechtigt und herrschaftsfrei ist. Der Bonner Rechtsphilosoph Isensee hat diese Vorstellungen daher zu Recht als „Habermasiade" verworfen.

Im Ergebnis helfen uns die konsensuellen Richtigkeitstheorien also nicht weiter.

(2) Mit sehr viel Pfiff versuchen einige Philosophen eine **Letztbegründung**, um dem infiniten Regreß zu entgehen. So wird zum Diskurs gesagt, dass, wer in diesen Diskurs eintrete, indem er etwas behaupte, dies nicht tun könne, ohne die Regeln des Diskurses vorausgesetzt zu haben. Wer also die Regeln des Diskurses bestreiten wolle, müsse sie, um dies zu tun, zugleich voraussetzen. Er würde sich mithin selbst widersprechen.

Der Gedanke lässt sich auch auf **Kant** übertragen. Nach ihm muß die Freiheit des Individuums notwendig vorausgesetzt werden. „Freiheit ist das einzig angeborene Recht." Natürlich war Kant der Kritik ausgesetzt, wie man Freiheit einfach so annehmen könne – anstatt sie zu begründen oder abzuleiten. Kant entgegnete, dass schon die Frage nach der Möglichkeit von Freiheit die Entscheidungskompetenz über diese Frage vorausgesetzt.

Oder anders ausgedrückt: Wer Freiheit bestreitet, zeigt dadurch, dass er frei ist. Denn wäre er nicht frei, könne er Freiheit nicht bestreiten.

Deshalb kann Kant seine ganze Philosophie auf der Freiheit aufbauen.

(3) Zuletzt gestehen manche zu, dass Normen nicht ihrerseits normativ begründbar sind. Normen müssten vielmehr für ihre Geltung von den Betroffenen **anerkannt** werden. Anerkennung kann verlangt werden bei Regeln, die einen Zustand ermöglichen, der im langfristigen Interesse aller Menschen liegt. Damit können begründet werden: gleiche wechselseitige Verantwortlichkeit, **gleiche Freiheit**, Mindeststandards von Gleichheit und die Mitwirkung aller an einem System positiver Normen.

Problematisch ist aber auch hier, dass nicht objektiv gesagt werden kann, welcher Zustand langfristig im Interesse aller Menschen liegt. Wenn wir solche Aussagen machen – zum Beispiel „mit gutem Grund" meinen, sinnvoll sei es, wenn niemand obdachlos sein müsse –, dann legen wir dem schon ein spezielles Menschenbild zugrunde.

c) Im **Ergebnis** können also auch keine objektiv gültigen Anforderungen an den Begründungsprozeß als solchen gestellt werden. Ob eine Norm moralisch gültig ist, kann letztendlich also nicht danach entschieden werden, welchen Inhalt sie hat (weil es kein rationales Kriterium dafür gibt, *Frage 1*), oder – *Frage 2:* – in welchem Verfahren sie erzeugt wurde (weil nicht klar ist, warum das Verfahren oder der Vertrag gilt), oder ob sie anerkannt werden muß (weil nicht klar, warum dieses anzuerkennen ist).

Literatur:

→ Seelmann, Rechtsphilosophie, § 9: Die aktuelle Normbegründungsdebatte (ausführlich zu allen hier vorgestellten Theorien).

→ Zenthöfer, Rechtsphilosophie, Seite 51 (Voraussetzungen einer moralischen Norm), Seite 88 (warum der herrschaftsfreie Diskurs von Habermas scheitern muß).

Klausur 7

Aufgabe

"Der Konflikt zwischen der Gerechtigkeit und der Rechtssicherheit dürfte dahin zu lösen sein, dass das positive, durch Satzung und Macht gesicherte Recht auch dann den Vorrang hat, wenn es inhaltlich ungerecht und unzweckmäßig ist, es sei denn, dass der Widerspruch des positiven Gesetzes zur Gerechtigkeit ein so unerträgliches Maß erreicht, dass das Gesetz als "unrichtiges Recht" der Gerechtigkeit zu weichen hat [= Unerträglichkeitsformel].

Es ist unmöglich, eine schärfere Linie zu ziehen zwischen den Fällen des gesetzlichen Unrechts und den trotz unrichtigen Inhalts dennoch geltenden Gesetzen; eine andere Grenzziehung aber kann mit aller Schärfe vorgenommen werden: wo Gerechtigkeit nicht einmal erstrebt wird, wo die Gleichheit, die den Kern der Gerechtigkeit ausmacht, bei der Setzung positiven Rechts bewußt verleugnet wurde [= Verleugnungsformel / verlangt schwer zu beweisenen Gerechtigkeitsbeugungsvorsatz], da ist das Gesetz nicht etwa nur "unrichtiges Recht", vielmehr entbehrt es überhaupt der Rechtsnatur."

1. Ordnen Sie das Zitat in die Philosophiegeschichte ein!

2. Wie hat diese „Formel" Eingang in die Rechtsprechung gefunden?

3. Welche Probleme ergeben sich, wenn man mit Hilfe der „Formel" individuelle Strafbarkeit begründen will?

Lösung

Frage 1

a) Es handelt sich um die sog. „Radbruchsche Formel", die der Jurist und Politiker Gustav Radbruch 1946 unter dem Eindruck der nationalsozialistischen Schreckensherrschaft formuliert hat. Sie behandelt das Problem, ob das autorativ gesetzte Recht auch gilt, wenn es ungerecht oder unzweckmäßig ist. Damit sind bereits die drei Wertrichtungen des Rechtsbegriffs bei Radbruch formuliert: Gerechtigkeit, Zweckmäßigkeit und Rechtssicherheit.

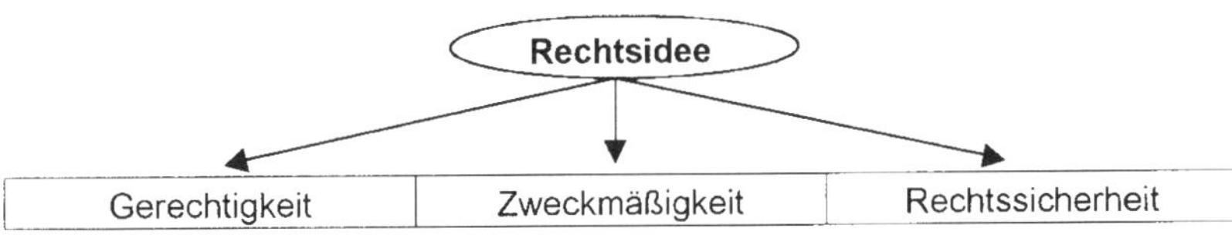

Radbruch betonte vor der NS-Zeit als sozialdemokratischer Justizminister und Hochschullehrer vor allem das Element der Rechtssicherheit. Diese habe Vorrang vor der Gerechtigkeit. Es ist umstritten, ob daraus geschlossen werden kann, dass Radbruch zu dieser Zeit Rechtspositivist war. Nach der NS-Diktatur setzte jedenfalls eine naturrechtliche Wendung ein. Er formulierte die genannte „Formel", nach der zwar grundsätzlich die Rechtssicherheit Vorrang habe. Entstehe jedoch ein „unerträglicher Widerspruch" zwischen dem gesetzten Recht und der Gerechtigkeit, habe das gesetzte Recht der Gerechtigkeit zu weichen (**Unerträglichkeitsformel**).

Jedenfalls dann, wenn die Gleichheit – die unbestritten ein Kernelement der Gerechtigkeit darstellt – verleugnet wird, sei das positive Recht kein Recht (sog. **Verleumdungsformel**). Radbruch dachte an die Greueltaten des NS-Regimes.

b) Radbruch bekennt sich damit zur Unverzichtbarkeit eines überpositiven Rechts. Es handelt sich dabei um Naturrecht. Die Naturrechtstradition hat sich bereits in der **Antike** entwickelt. Als Begründer der klassischen Naturrechtslehre gilt Aristoteles. Für ihn leiten sich Moral und Recht aus der Natur des Menschen ab. Aristoteles deutet die Möglichkeit eines sich zeitlich wandelnden Naturrechts an.

Diese Gedanken werden in der Stoa weitergeführt. Das „ius naturale" wird aus der lex aeterna, dem ewigen Gesetz, abgeleitet und soll in menschliches Recht transformiert werden. Im Zweifel habe das Naturrecht Vorrang vor dem von Menschen gesetzten Recht. Im christlichen **Mittelalter** vertreten Augustinus und Thomas von Aquin, das sich das Naturrecht aus einem Weltgesetz speist, das der Offenbarung entnommen ist.

c) In der **Neuzeit** verliert das Naturrecht an Bedeutung. Die Vertragstheoretiker legitimieren Staat und Recht über Übereinkommen der Menschen. Für Hobbes besteht das Naturrecht aus Klugheitsregeln, die nur in der Gesellschaft verbindlich sind. Im Naturzustand bestehe ein „Recht auf alles", was regelmäßig in einen Krieg münde.

Für Locke sind Rechte von Natur folgende: Leben, Freiheit und Besitz (life, liberty, estate), zusammengefasst als „Eigentum" (property). Für Rousseau ist der „frei geborene Mensch" das von Natur aus Rechte. Jedoch liege dieser Mensch in den Ketten der Gesellschaft. Für Kant ist „Freiheit" das einzig angeborene Recht, aus dem andere Rechte, z.B. Gleichheit, folgen.

d) Nach dem 2. Weltkrieg erlebt das Naturrechtsdenken eine Renaissance. Neben Radbruch tut sich insbesondere Dworkin hervor. Sein Konzept von „Prinzipien" innerhalb des Rechts kann aber nicht eindeutig in diese Linie einbezogen werden. Da Dworkin sagt, dass die Prinzipien normativ aus dem Recht entwickelt werden können („Doktrin der institutionellen Stützung"), setzt er sie also schon als semi-positiv voraus, quasi zwischen den Zeilen.

Als Beispiel nennt er den Fall Riggs, wo der Enkel seinen Großvater ermordet hat, um früher an das Erbe zu kommen. Das Gericht verweigerte schließlich die Herausgabe des Erbes, ohne dass es dafür eine Rechtsregel gegeben hätte. Der Richter berief sich auf den Grundsatz, dass niemand aus unrechtmäßigem Verhalten Vorteile ziehen dürfe.

__Frage 2__

Die „Radbruchsche Formel" fand zweimal in der bundesrepublikanischen Geschichte Eingang in die Rechtsprechung:

a) Im Jahre 1968 fasste das BVerfG seinen berühmten **Staatsangehörigkeitsbeschluß**. Es hob eine Verordnung von 1941 auf, nach der Juden, die ins Ausland emigrierten, automatisch ihre Staatsangehörigkeit verlieren. Dabei übernahm das Gericht wortwörtlich Teile der „Radbruchschen Formel":

„Nationalsozialistischen 'Rechts`-vorschriften kann die Geltung als Recht abgesprochen werden, wenn sie fundamentalen Prinzipien der Gerechtigkeit so evident widersprechen, dass der Richter, der sie anwenden oder ihre Rechtsfolgen anerkennen wollte, Unrecht statt Recht sprechen würde.
In der 11. Verordnung zum Reichsbürgergesetz vom 11.11.1941 hat der Widerspruch zur Gerechtigkeit ein so unerträgliches Maß erreicht, dass sie von Anfang an als nichtig erachtet werden muß. Einmal gesetztes Unrecht, das offenbar gegen konstituierende Grundsätze des Rechts verstößt, wird nicht dadurch zu Recht, dass es angewendet und befolgt wird."

b) Erneut sahen sich die obersten Bundesgerichte mit der Frage konfrontiert, als über die Strafbarkeit von **DDR-Mauerschützen** zu verhandeln war. Nach § 315 I EGStGB i.V.m. § 2 StGB kommt bei einer Verurteilung das Tatzeitrecht der DDR zur Anwendung. Das Recht der Bundesrepublik gilt nur, wenn es mildere Rechtsfolgen vorsieht.

Auch in der DDR war Totschlag strafbar. Jedoch könnte § 27 GrenzGesetz der DDR als Rechtfertigungsgrund herangezogen werden. Danach ist das Erschießen von "Republikflüchtlingen" möglich. Das **Landgericht Berlin** nahm die Nichtigkeit dieses § 27 GrenzGesetz an. Es gebe einen Kernbereich des Rechts, den nach dem Rechtsbewußtsein der Allgemeinheit kein Gesetz antasten darf. Der bloße Grenzübertritt habe in einem solch krassen Mißverständnis zu den Todesschüssen gestanden, dass eine entsprechende Regelung keinen Respekt verdiene und ihr der Gehorsam zu verweigern war.

Argumentationsstrategien zu § 27 GrenzGesetz der DDR

Widerspruch zum Rechtsbewußtsein der Allgemeinheit (*LG Berlin*)	Widerspruch zum höherrangigen Völkerrecht (*BGH*)	Widerspruch zur DDR-Verfassung (*BGH, EGMR*)

Der **BGH** macht es sich nicht so leicht wie das LG Berlin. Der BGH argumentiert mit einem Widerspruch des § 27 GrenzGesetz gegen höherrangiges Völkerrecht. Die DDR war 1976 dem "Internationalen Pakt über bürgerliche und politische Rechte" beigetreten. In ihm waren das Recht auf Leben (Art. 6) und das Recht auf Ausreise (Art. 12) gewährleistet.

> Problematisch an dieser Argumentation ist aber zum einen, dass der Pakt eine Einschränkungsklausel kennt, die oft recht weit ausgeschöpft wurde. Die DDR wurde dafür nie gerügt oder sanktioniert. Zum anderen bindet Völkerrecht nur Staaten. Es entfaltet keine Wirkungen zu Privatpersonen. Deshalb kann man daraus auch keine individuelle Strafbarkeit ableiten (str.).

Schließlich argumentiert der BGH mit der DDR-Verfassung. Die Todesschüsse setzten das Prinzip der Verhältnismäßigkeit außer Kraft. Problematisch ist hierbei aber, dass dieses Prinzip dem DDR-"Recht" gerade nicht eigen war. Kritisiert wurde deshalb, dass der BGH "Naturrecht im Gewande der Auslegung" anwende.

Frage 3

a) Problem: Kann das Naturrecht Strafbarkeit *begründen*?

Coing verneint dies: "Das Naturrecht, das auf den sittlichen Werten der Gerechtigkeit, der Treue, der Zuverlässigkeit usw. beruht, gebietet wohl, bestimmten Gesetzen, die diesen Werten widersprechen, den Gehorsam zu verweigern, es gibt ein Recht zum Widerstand gegen sie; aber es fordert keine Bestrafung dessen, der diesem Gebot nicht gehorcht, von diesem Recht keinen Gebrauch macht. (...) Dies entspricht der Lehre des rationalen Naturrechts des 18. Jahrhunderts. Es hat aus dem Naturrecht gegenüber dem positiven Recht wohl Widerstandsrechte und Rechte der Gehorsamsverweigerung, aber keine Strafbarkeit abgeleitet."

b) Problem: Bricht Naturrecht positives Recht?

Ein Geltungsvorrang mit unmittelbar rechtsgestaltender Wirkung ist dem neuzeitlichen Naturrecht fremd. Vielmehr wendet man sich an den Gesetzgeber, ohne eine unmittelbare Derogation des bestehenden Rechts bewirken zu wollen.

Eine schlichte "Verdrängung des positiven Rechts durch das Naturrecht" lag nicht in der Konsequenz der naturrechtlichen Position. Vielmehr galt das dem Naturrecht zuwiderlaufende positive Recht nicht als Nichtrecht, sondern als zu reformierendes schlechtes Recht.

c) Problem: Unbestimmtheit des Naturrechts

Es gibt ein aufklärerisches, christliches, islamisches und marxistisches Naturrecht. Auch hat man unter Berufung auf das Naturrecht viele Jahrhunderte die Sklaverei legitimiert (Aristoteles, Thomas von Aquin), Frauen ausgeschlossen und totalitär anmutende Staatskonzepte vertreten (Platon). Der BGH hatte noch 1954 aus dem ewigen Sittengesetz gefolgert, dass die "Überordnung des Mannes in Ehe und Familie" naturgegeben sei.

d) Problem: Rückwirkungsverbot (Art. 103 II GG) als Hindernis?

Falls man zur Auffassung kommt, dass eine Strafbarkeit auf dem Boden des Naturrechts möglich ist, stellt sich ein weiteres Problem:

Die Radbruchsche Formel bewirkt eine rückwirkende, partielle Neuordnung des Rechtssystems auf naturrechtlicher Grundlage. Problematisch ist, dass das Grenzregime der DDR nicht lediglich Unrecht in einem Staat, sondern staatliches Unrecht war. Dies könnte (unbeabsichtigt) verschleiert werden, wenn man annimmt, dass die Schüsse schon zum Tatzeitpunkt am Tatort rechtswidrig waren.

Nach Ansicht des BVerfG hat das Rückwirkungsverbot (Art. 103 II GG) zurückzutreten. Im Widerspruch zwischen "Gerechtigkeit" und "Rechtssicherheit" ist der Gerechtigkeit der Vorzug zu geben. Wer so eklatant Menschenrechte verletze, könne sich nicht auf Art. 103 II GG berufen.

Kritik von Dreier:

a) Das Rückwirkungsverbot ist eine Ausformung der Gerechtigkeit, weil es staatliche Strafgesetze an strenge Voraussetzungen bindet. Deswegen muß das Rückwirkungsverbot strikt-formal gelten; es kann und darf im Unterschied zum allgemeinen Vertrauensschutzgedanken gerade nicht mehr durch materielle Gerechtigkeitsüberlegungen eingeschränkt werden.

b) Das BVerfG meint, auf das Rückwirkungsverbot könne man nur in einem demokratischen Staat vertrauen. Dagegen Dreier: Den vollen Schutz des Art. 103 II GG nur demjenigen zukommen zu lassen, der unter einer rechtsstaatlichen Verfassungsordnung lebt, verkennt die ideengeschichtliche Entwicklung des Rückwirkungsverbotes. Denn natürlich ist der Einzelne besonders schutzbedürftig, wenn die gesetzgebende Obrigkeit gerade nicht rechtsstaatlich diszipliniert ist.

Gegen die Kritik von Dreier hat der **Europäische Gerichtshof für Menschenrechte** am 22.3.2001 entschieden, dass die ergangenen Verurteilungen mit der EMRK vereinbar sind.

Dieser Gerichtshof ist für Beschwerden gegen die 45 Konventionsstaaten (= Mitglieder des Europarats) zuständig, die von Einzelnen nach Durchlaufen des innerstaatlichen Rechtsweges wegen Verletzungen der Konvention erhoben werden, Art. 34, 35 EMRK.

Gerichtshof: Fluchtversuche waren keine Verbrechen, da die Verfasssung menschliche Würde und Freiheit (Art. 19 II Verf.-DDR) garantierte und Verfassungsrecht dem einfachen Recht vorging. Deshalb konnte § 27 GrenzGesetz auch nicht zum Schußwaffengebrauch ermächtigen. Vielmehr stehe diese Praxis zu offenem Widerspruch zur Verfassung und zu internationalen Verpflichtungen der DDR. Auch Art. 95 des StGB-DDR habe festgelegt, dass sich nicht auf Gesetzesrecht oder höheren Befehl berufen könne, wer die Menschenrechte missachte.

Weiterhin:

1. Die Beschwerdeführer waren am Zustandekommen des Grenzregimes maßgeblich beteiligt. Dass sie sich nun zur Rechtfertigung auf eine Praxis beriefen, die sie selbst zu verantworten hatten, kann sie nicht entlasten.

2. Recht auf Leben und Recht auf Freizügigkeit haben herausgehobene Bedeutung. Es sind Rechte, die gemäß der DDR-Verfassung die Staatsgewalt und die Bürger gleichermaßen verpflichten. Daraus folgt nicht nur eine völkerrechtliche Haftung der DDR, sondern auch eine strafrechtliche Verantwortung. Die Verfassung war allgemein zugänglich. Wer an der Grenze schoß, kannte die Verfassung und hatte sich freiwillig zum Dienst gemeldet.

Der EGMR sieht die Grundlage der Strafen nicht im Völkerrecht. Die Brücke zur Strafnorm sei allein das nationale Recht der DDR.

Literatur:

→ Dreier: Gustav Radbruch und die Mauerschützen, in: JZ 1997, 421ff. (stellt die Formel von Radbruch und die Urteile bei den DDR-Mauerschützen vor).

→ Kadelbach: Menschenrechte als übergesetzliches Recht? Zum Urteil des EGMR vom 22.3.2001, in: Jura 2002, 329ff. (stellt das letzte Urteil vor, welches Dreier 1997 noch nicht berücksichtigen konnte).

→ Zenthöfer, Rechtsphilosophie, Seiten 22ff. (Der dritte Weg? Die „Radbruchsche Formel". Der praktische Fall: Die DDR-Mauerschützen. Erläuterung des Rückwirkungsverbotes.).

Klausur 8

Aufgabe

Regeln, die das wechselseitige Verhalten der Menschen leiten, müssen ihrerseits den Postulaten der materialen Gerechtigkeit entsprechen.

1. Was ist der Unterschied von formaler und materialer Gerechtigkeit?

2. Es ist umstritten, was die genannten "Postulate der materialen Gerechtigkeit" sind. Welche Vorstellungen gibt es darüber? Was hat sich im modernen Verfassungsstaat durchgesetzt?

Lösung

Frage 1

a) Gerechtigkeit bildet das höchste Leitbild von der ethischen Richtigkeit der Rechtsnormen und des rechtlich gebundenen Handelns. Als regulative Idee sagt sie, wie das Recht sein und wie es nicht sein soll. Am Maßstab der Gerechtigkeit werden also die Normen des geltenden Rechts gemessen.

Formale Gerechtigkeit bildet den Kern. Sie besagt, dass Gleiches gleich und Ungleiches ungleich zu behandeln ist. Folglich soll man in allen Situationen, in denen Gerechtigkeit gefordert ist, nach allgemeinen Regeln handeln. Allgemeine Regeln verhindern Willkür: Man soll nicht unter gleichen Umständen einmal so und einmal anders handeln.

b) Dagegen sagt die **materiale Gerechtigkeit**, dass Regeln, die das wechselseitige Verhalten der Menschen leiten, mit inhaltlichen Postulaten übereinstimmen müssen. Was diese Postulate sind, ist nicht gerenerell zu beantworten.

Frage 2

Es gibt verschiedene Gerechtigkeitstheorien (= Systemen von Aussagen über Gerechtigkeit):

a) Materiale Theorien sagen aus, was gerecht und was ungerecht ist. Dabei wird von einigen auf das Naturrecht verwiesen. So formulierte Platon die Formel "Jedem das Seine", der später weitere Postulate hinzugefügt wurden. Dabei wird auf die **Natur** als sinnvoll-werthaft-vernünftige Seinsordnung verwiesen.

Christlich interpretiert wird diese Seinsordnung als göttliche Schöpfungsordnung gesehen (Augustinus, Thomas von Aquin). Problematisch ist, dass "Natur" nicht objektiv ist. Deshalb enthält die Beantwortung der Frage, was gerecht ist, immer ein subjektives Element.

Für Hobbes und Kant ist der zentrale Maßstab die menschliche **Vernunft**. Sie tritt zu Beginn der Neuzeit an die Stelle des Begriffs "Natur" im Sinne einer werthaften Seinsordnung. Nach der Vernunft sind nur verallgemeinerungsfähige Normen ethisch gerechtfertigt. Beispiel ist Kants kategorischer Imperativ, der, weil inhaltsleer, ein allgemeines Prüfschema darstellt. Problematisch ist auch hier, dass "Vernunft" nicht objektiv ist. Hegel sprach denn auch von "leerem Formalismus". Aus dem katgeorischen Imperativ könnten besondere Pflichten nicht abgeleitet werden.

b) Weil die materialen Theorien daran kranken, keine objektiven Aussagen über Gerechtigkeit machen zu können, wurden **prozedurale Theorien** entwickelt. Dies sind Theorien über die Erzeugung gerechten Rechts. Sie sind darauf gerichtet, Verfahren zu entwickeln, deren Bedingungen und Regeln eingehalten werden müssen, wenn man gerechtes Recht erzeugen oder Gerechtigkeitsurteile rational begründen will.

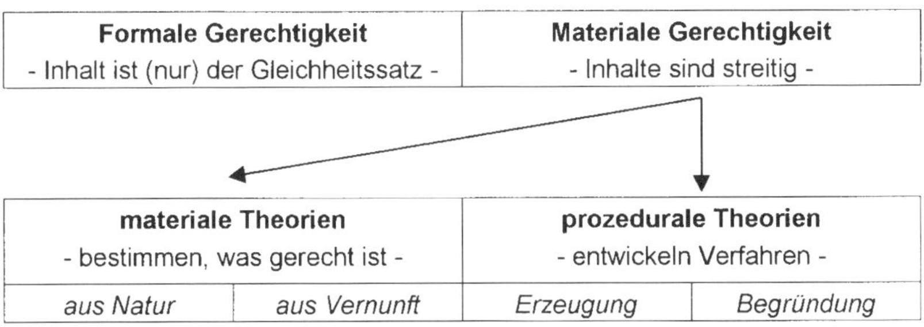

Nach der Gerechtigkeits**erzeugungs**theorie gewährleistet ein Verfahren, dass das in ihm erzeugte Recht gerecht ist. Darunter fallen die staatlichen Justiz-, Verwaltungs- und Gesetzgebungsverfahren. Im privaten Bereich wird Recht durch Verträge erzeugt.

Dagegen stellen Gerechtigkeits**begründungs**theorien nicht auf das Ergebnis des Verfahrens, sondern das Verfahren an sich ab. Gerecht ist etwas also nicht, weil es ein Verfahren durchschritten hat, sondern weil das Verfahren angewendet wurde. Beispiel ist die Diskursethik von Habermas. Er entwickelt Bedingungen und Regeln eines rationalen Diskurses, in dem Konsens darüber erzielt werden kann, was gerecht und was ungerecht ist. Bedingung dieses Diskurses ist unter anderem eine „ideale Sprechsituation“. Gewährleistet sein muß eine klare, informierte und vorurteilsfreie Diskussion.

c) Der **moderne Verfassungsstaat** basiert auf einer gemischt prozedural-materialen Gerechtigkeitstheorie. Prozedural, weil er Regeln des Verwaltungs-, Gesetzgebungs- und Gerichtsverfahren formuliert (VwVfG, GG, GVG, StPO usw.). Material, weil er Menschenrechte gewährleistet, die alle drei Gewalten binden (Art. 1 III, 1-20, 33, 38, 103 GG u.a.).

Literatur:

→ Isensee: Gerechtigkeit – zeitlose Idee im Verfassungsstaat der Gegenwart, in: Schmidinger (Hrsg.), Gerechtigkeit heute – Anspruch und Wirklichkeit, Innsbruck-Wien 2000, Seiten 253ff. (grundlegender Aufsatz zur Gerechtigkeit).

→ Zenthöfer, Rechtsphilosophie, Seiten 67ff. (Gleichheit und gesetzliche Allgemeinheit als Grundlage der Gerechtigkeit; formale und materiale Gerechtigkeit).

Klausur 9

Aufgabe

Aristoteles unterscheidet die Gerechtigkeit nach den Grundkonstellationen möglicher Rechtsbeziehungen. Innerhalb dieser Rechtsbeziehungen gebe sich die Gerechtigkeit jeweils unter besonderen Aspekten zu erkennen.

1. Wie unterscheidet Aristoteles die Gerechtigkeit?

2. Was ist der Sinn dieser Unterscheidung?

Lösung

Frage 1

Aristoteles unterscheidet insbesondere die austeilende Gerechtigkeit von der ausgleichenden Gerechtigkeit.

a) Die absolute Gleichheit zwischen Gütern, zum Beispiel zwischen Arbeit und Lohn oder zwischen Schaden und Ersatz, heißt bei Aristoteles "**ausgleichende Gerechtigkeit**" (iustitia commutativa). Sie sorgt dafür, dass die Tauschbeziehungen von Mensch zu Mensch rechtens sind. Es ist also eine Gerechtigkeit des Privatrechts.

b) Die verhältnismäßige Gleichheit in der Behandlung verschiedener Personen, etwa die Besteuerung nach Maßgabe der Tragfähigkeit, die Unterstützung nach Maßgabe der Bedürftigkeit, die Belohnung und Bestrafung nach Verdienst und Schuld, ist dagegen das Wesen der "**austeilenden Gerechtigkeit**" (iustitia distributiva). Es geht also um die Verteilung von öffentlichen Anerkennungen, von Geld und sonstigen Werten, die den Bürgern eines geordneten Gemeinwesens zustehen. Hier ist es möglich, dass der eine das gleiche wie der andere oder nicht das gleiche zugeteilt erhält. Es ist also eine Gerechtigkeit des Öffentlichen Rechts.

c) Weiterhin unterscheidet Aristoteles die "**iustitia legalis**". Nach ihr haben sich die Bürger als Glieder in das Gemeinwesen einzufügen und zu tun, was das Gemeinwohl verlangt, und die Gesetze zu achten.

Die Gerechtigkeit kann auch nach sozialen Handlungsformen unterschieden werden. Dabei wird der praktische Bezug der Unterscheidung noch deutlicher:

1. Tausch-beziehungen	In einem freiwilligen Tausch entsprechen sich Leistung und Gegenleistung. Es handelt sich um eine „win-win-Situation", es entsteht also eine wechselseitiger Vorteil. Dazu gehören z.B. Kauf, Werk, Miete, Darlehen. Die Erfordernisse, denen Tauschbeziehungen entsprechen müssen, sind jene der Tauschgerechtigkeit (**kommutative** Gerechtigkeit): Ein unrechtmäßiger Eingriff, durch den sich jemand einen Vorteil verschafft hat, ist auszugleichen (Tauschgerechtigkeit).
2. Gemein-schafts-beziehungen	In Gemeinschaften wie Familien oder Teams taucht das Problem der gerechten Verteilung gemeinschaftlicher Güter und Lasten auf. Die hier aufzustellenden Regeln sind Teil der **distributiven** oder Verteilungsgerechtigkeit.
3. Herr-schafts-beziehungen	In einem Herrschaftsverband wie dem Staat haben einige die Macht, andere müssen sich unterordnen. Wer die Macht hat, besitzt die Befugnis zur Regelung. Die Erfordernisse, denen Herrschaftsbeziehungen entsprechen müssen, um gerecht zu sein, kann man als „**politische Gerechtigkeit**" bezeichnen.

Frage 2

a) Die Unterscheidung der „iustitia distributiva" von der „iustitia commutativa" ist entscheidend für die Frage, *wer was* staatlicherseits bekommen soll: Welche Unterschiede rechtfertigen eine ungleiche Behandlung oder fordern diese? Aristoteles schreibt, dass die Staatsämter nach „**Würdigkeit**" verliehen werden sollen. Fraglich ist aber, was „Würdigkeit" ist. Dies sei von Staatsform zu Staatsform verschieden:

In der Demokratie erhalte jeder freie Mann Staatsämter. In der Oligarchie werde differenziert zwischen Reichtum und Armut. In der Aristokratie liegt das Kriterium der Unterscheidung in der Tüchtigkeit.

Entscheidend ist also die Frage, welche Gleichbehandlung zulässig ist bzw. **welche Differenzierung zulässig** ist. Das ist von Staatsform zu Staatsform unterschiedlich. Jedenfalls alle Staaten beanspruchen, ihren Bürgern und Untertanen „das ihre" an Wohltaten und Übeln zuzuteilen. Selbst die grausamste Diktatur prätendiert, ihrem Opfer „das Seine" zu geben, indem sie es unterdrückt, quält, tötet.

Festzustellen ist also, dass das Verteilungskriterium abhängig ist vom jeweils herrschenden Rechts- und Sozialsystem. Aristoteles rührt in seiner Philosophie der Gleichheit nicht an die rechtliche Ungleichheit, die er in seiner geschichtlichen Umwelt vorfindet: Ungleichheit zwischen Herr und Sklave, zwischen Mann und Frau, zwischen Hellenen und Barbaren.

Damit bietet die Formel der „distributiven Gerechtigkeit" also **nur einen Ansatzpunkt** für die Wertentscheidung. Die Direktive der Gleichheit hängt ihrem Inhalt nach ab von der Rechtsmaterie, die sie leiten soll.

b) Dagegen bestimmt die „kommutative Gerechtigkeit" die Gleichwertigkeit von Leistung und Gegenleistung streng sachbezogen, ohne Rücksicht auf die Personen der beteiligten Tauschpartner. So soll der „gerechte Preis" bestimmt werden. Für Aristoteles liegt dieser in der „**arithmetischen Mitte**" zwischen den Extremen. Dabei setzt er die Möglichkeit exakter Wertbestimmung voraus. Heute wissen wir, dass sich der „gerechte Preis" durch Angebot und Nachfrage auf einem Markt entwickelt. Alle Versuche, den Wert einer Ware oder einer Dienstleistung objektiv zu bewerten, müssen fehlschlagen.

<u>Literatur:</u>

→ Hofmann, Einführung in die Rechts- und Staatsphilosophie, Zweiter Teil, 1. Kapitel, § 19 III: Austeilende und ausgleichende Gerechtigkeit, Seiten 103f.

→ Zenthöfer, Rechtsphilosophie, Seite 72 (weitergehend als hier: die Formen der Gerechtigkeit, ihre jeweiligen Grundsätze und daraus abzuleitende Forderungen für die Rechtsordnung).

Klausur 10

Aufgabe

Immer wieder wurde versucht, zu bestimmen, was die Gerechtigkeit material ausmacht: "Jedem das Seine (sum cuique)", "Gleiches mit gleichem erwidern", "Gleichheit vor dem Gesetz", "Goldene Regel" oder auch das Talionsprinzip "Auge um Auge, Zahn um Zahn".

1. Was sagen diese Theorien jeweils aus? Scheitern sie Ihrer Ansicht nach bei der Beantwortung der Frage, was gerecht ist?

2. Als Urtypus des Gerechtigkeitsstaates gilt Platons "Politeia". Beschreiben Sie dieses Staatsmodell.

3. Karl Popper hat in seinem Werk "Die offene Gesellschaft und ihre Feinde" Platons "Idealstaat" kritisiert:

"Der Philosoph, so versichert er uns, ist nicht ehrgeizig; obgleich "zum Herrschen bestimmt, strebt er doch am wenigsten darnach". Der Grund ist aber – dass er dafür zu hoch steht. Er, der mit dem Göttlichen verbunden ist, kann wohl von seinen Höhen zu den Sterblichen unter ihm herabsteigen und sich selbst um des Staatsinteresses willen opfern. Es verlangt ihm nicht danach; aber als ein natürlicher Herrscher und Heiland ist er bereit, zu kommen. Die armen Sterblichen brauchen ihn. Ohne ihn muß der Staat zugrunde gehen, denn er allein kennt das Geheimnis seiner Erhaltung, das Geheimnis, das den Verfall aufzuhalten vermag..."

Erläutern Sie, was Popper meint! Was ist sonst noch kritikwürdig an Platons Staatskonzeption?

Lösung

Frage 1

a) Der Grundsatz "**Jedem das Seine**" stammt von Platon. Er besagt, dass jedem das Seinige zukommen soll. Fraglich ist aber bereits, was dieses "Seinige" ist. Das muß zuvor in einer positiven Moral- oder Rechtsordnung entschieden werden. Folglich ist die Formel an sich völlig inhaltsleer. Sie kann zur Rechtfertigung jeder beliebigen Gesellschaftsordnung dienen, mag es sich um eine demokratische, sozialistische oder faschistische handeln.

b) Der Grundsatz, das **Gleiches mit Gleichem erwidert** werden soll, geht von der Annahme aus, dass alle Menschen von Natur aus gleich sind. Daraus wird der Schluß gezogen, dass alle Menschen gleich zu behandeln sind. Abgesehen davon, dass hier ein unzulässiger Schluß vom Sein zum Sollen vorliegt, stimmt die Prämisse schon nicht. Menschen sind nicht alle gleich. Es wäre absurd, Kinder wie Erwachsene oder Wahnsinnige wie geistig Gesunde zu behandeln.

Was aber sind dann die Unterschiede, die berücksichtigt werden sollen? Und welche nicht? Das ist die entscheidene Frage, und auf diese Frage gibt das Prinzip der Gleichheit keine Antwort.

c) "**Gleichheit vor dem Gesetz**" bedeutet nur, dass die rechtsanwendenden Organe keine Unterschiede machen sollen, die das anzuwendende Recht nicht selbst macht. Gewährt das Recht nur Männern politische Rechte, dann ist der Grundsatz der Gleichheit vor dem Gesetz durchaus gewahrt, wenn die rechtsanwendenden Organe in konkreten Fällen entscheiden, dass eine Frau keine politischen Rechte habe. Damit ist auch dieses Kriterium nicht hilfreich.

d) "Was du nicht willst, was dir man tut, das füg auch keinem anderen zu" – so lautet die **Goldene Regel**. Man kann sie auch umformulieren in: "Was du willst, was man dir tut, das tue auch den anderen". Das bedeutet, dass man anderen keine Schmerzen, sondern Lust zufügen soll. Problematisch ist, dass die gleiche Handlung dem einen Lust, dem anderen aber Schmerz bereitet. Wann diese Handlung eine Verletzung der "Goldenen Regel" darstellt und bestraft werden würde, dann ist diese Bestrafung wiederum ein Verstoß gegen die "Goldene Regel".

e) Das Talionsprinzip basiert auf der Formel des Alten Testaments "**Auge um Auge, Zahn um Zahn**" und ist damit eine Theorie der Vergeltung. Problematisch ist hier, dass nicht zwischen Schuld und Strafe unterschieden wird. Zudem gibt es Anwendungsprobleme: Soll dem Dieb nur so viel genommen werden, wie er selber gestohlen hat? Und was ist die Vergeltung für Sodomie oder Blutrache?

Aus den genannten Gründen scheitern alle Theorien bei der Beantwortung der Frage, was gerecht ist. Es handelt sich um inhaltsleere Formeln.

Frage 2

a) Platons „Idealstaat" ist das Urbild eines auf Gerechtigkeit gegründeten Staatswesens. Gerechtigkeit entfaltet sich als **Idee** und als **Tugend**, im einzelnen Menschen wie im Staat. Gerechtigkeit ist für Platon der Inbegriff der richtigen sittlichen Verfassung beider.

Schicht der menschlichen Seele:	Begehrlichkeit	politischer Ehrgeiz	Vernunft
die damit korrespondierende Tugend:	Selbstbeherrschung	Tapferkeit	Weisheit
Das richtige Verhältnis dieser Tugenden zueinander bestimmt die Gerechtigkeit als vierte der „Kardinaltugenden".			

Die Einsicht in die Gerechtigkeit schafft **Vernunft**, daraus folgt gerechtes Handeln und daraus die Legitimation, Herrschaft im Staate auszuüben. Zur Vernunfteinsicht sind die Menschen in unterschiedlichem Maße begabt.

Diese unterschiedliche Vernunfteinsicht begründet eine Abstufung der Teilhabe an der Herrschaft sowie eine **ständische Ausdifferenzierung** der Gesellschaft. Diese folgt der Dreiteilung der Seelenschichten, die in den Individuen unterschiedlich stark ausgeprägt sind:

→ Das einfache Volk der ***Bauern und Handwerker*** kümmert sich um den wirtschaftlichen Bedarf. Es darf nach Interesse leben und schuldet nur die Befolgung der Gesetze.

→ Die Beamten und Soldaten („***Wächter***"), die sich durch Treue und Tapferkeit ausweisen, müssen auf Eigennutz und Privatheit verzichten.

→ Die ***Philosophen*** führen den Staat. Sie geben sich vorbehaltlos der Erkenntnis der Gerechtigkeit hin, die eins ist mit dem Guten und Wahren. Die richtige Erkenntnis zieht notwendigerweise richtiges Handeln nach sich.

Die Macht folgt in Platons Staat also der Vernunft. Aber der Vernünftige darf sie nur ausüben, wenn er Askese leistet, auf private Selbstverwirklichung verzichtet und sich der Sache des Staates vorbehaltlos hingibt. **Gerecht ist, wenn jeder** – ob Handwerker, Soldat oder Philosoph – das Seinige, **das ihm Angemessene tut**.

Frage 3

a) Popper kritisiert Platons Ideenlehre, nach der nur einige wenige Menschen die Ideen, also die „Dinge an sich", erkennen können. Diese Menschen seien vernünftig und als Philosophen zur Staatsführung vorgesehen. Popper zweifelt folglich schon an den **erkenntnistheoretischen** Voraussetzungen von Platons Staatsmodell. Bereits Aristoteles hatte sich von seinem Lehrer abgewandt und vertreten, alle Menschen könnten die „Dinge an sich" erkennen, da die „Formen der Dinge" in den Dingen selbst sei (Entelechie).

> Wenn man also annimmt, dass diese Fähigkeit nicht nur einige wenige haben – sondern potentiell alle –, dann wird auch das **Höhlengleichnis** obsolet. Darin hatte Platon beschrieben, dass die Menschen nur die Schatten der Dinge sehen, weil sie in einer Höhle angekettet sind, den Blick auf eine Leinwand gerichtet. Hinter ihnen werden Dinge vor einer Lichtquelle herumgetragen. Doch die Menschen können nicht nach hinten blicken, sondern nur auf die Leinwand. Folglich sehen sie nur die Schatten. Von Zeit zu Zeit befreit sich aber einer der Angeketteten, verläßt die Höhle und schaut in die Sonne. Dann sieht er die wahren Dinge, er „erkennt", wird vernünftig, ist also ein Philosoph.

Für Popper ist Platons Modell also kein Urtyp eines „Gerechtigkeitsstaates", sondern der Urtyp eines „*Un*gerechtigkeitsstaates". Hinter der Idee des königlichen Philosophen stehe ein **Machtanspruch**. Das hatte bereits Sokrates erkannt, der den Staatsmann vor der Gefahr warnte, von seiner eigenen Macht, Vortrefflichkeit und Weisheit geblendet zu werden. Platon ist ein Feind der offenen Gesellschaft.

b) Es gibt weitere Kritikpunkte an Platons Vorstellungen. So wird ihm vorgeworfen, die Erkenntnismöglichkeit der Philosophen zu überschätzen. Sehen sie außerhalb der Höhle nicht vielleicht auch nur Schatten? Zudem **unterschätzt** Platon die Bedeutung des **Gefühllebens**. Es ist fraglich, ob z.B. die Arbeiter ihre Tugend „Selbstbeherrschung" ausprägen können, wenn sie auf feste Bindungen, freie Partnerwahl und Familienleben verzichten müssen. Auch wenn sie den „Idealstaat" wollen, ist zweifelhaft, ob sie ein solches Leben ertragen würden.

Weiterhin ist problematisch, den Staat und das Individuum zu analogisieren. Platon tut dies, wenn er von den Seelenschichten auf die Aufgaben im Staat schließt. Unklar bleibt, wie jede Gerechtigkeit im Staat von der Gerechtigkeit des Individuums abhängen kann.

Schließlich setzt Platon die Gerechtigkeit mit der Sittlichkeit gleich. Damit bleibt die persönliche Freiheit außer Acht. Es besteht die Gefahr, dass der Staat auch das Sittliche regelt, also **totalitär** wird. In einem totalitären Staat beansprucht das Gemeinwesen den ganzen Menschen und lässt ihm keinen Freiraum, in dem er selbst sittlich handeln und entscheiden kann.

Platon konzipiert seinen Staat zudem mit Zensur und **Täuschung**. Es gibt keine freie Wahl der Lebenspartner und zwangsverordneten Geschlechtsverkehr. Das Modell der Familie ist verbannt, obwohl die meisten Menschen in einer Familie leben wollen. Auch die **Trennung der Kinder von ihren Eltern** entspricht nicht einer freiheitlichen Auffassung, geschweige denn die Vorschläge zur Zuchtwahl.

> Schließlich ist auch die **Kunstzensur**, die Platon einführen will, kritikwürdig. Nach ihm könne Kunst die Welt nur abbilden und entferne uns daher von der Welt der Ideen. Außerdem appelliere sie an den irrationalen Teil unserer Seele und tendiere auf diese Weise dazu, die psychische Harmonie, die für Gerechtigkeit notwendig ist, zu zerstören. Aus diesen Gründen sollte zumindest Darstellende Kunst verboten werden. Das ist aus heutiger Sicht abzulehnen.

Fatal jedoch wirkt sich aus, dass Platon ursprünglich positive Gesetze für unnütz hält und auch eine **Gesetzesbindung** des Philosophenkönigs ausschließt. Jedoch korrigiert er letzteres in seinem Alterswerk "nomoi".

Literatur:

→ Kelsen: Was ist Gerechtigkeit?, Reclam, Seiten 32ff. (inhaltsleere Gerechtigkeitsformeln).

→ Popper: Die offene Gesellschaft und ihre Feinde, Seiten 185ff. (zu Platons "Idealstaat").

→ Zenthöfer, Rechtsphilosophie, Seiten 90ff. (kurze Geschichte der Staatsideen).

Klausur 11

Aufgabe

Es wird behauptet, dass der moderne Staat die Gerechtigkeit ausklammert aus seinem System. Vorrangig seien Frieden, Freiheit und Rechtssicherheit.

1. Was spricht für diese Behauptung? Beziehen Sie sich auch auf das Recht in der Bundesrepublik Deutschland!

2. Auf der anderen Seite kennt aber auch der Verfassungsstaat Postulate der Gerechtigkeit. Wo verwirklichen sich diese Ideen z.B. im Grundgesetz?

3. Das gerechteste Gesetz kann im Einzelfall Unrecht stiften. Aristoteles ergänzt deshalb die Legalgerechtigkeit durch das Korrektiv der Billigkeit (aequitas; Gerechtigkeit im Einzelfall). Gibt es soetwas auch in unserer Rechtsordnung?

Lösung

Frage 1

a) Der moderne Staat entstand im Übergang zur Neuzeit. So wird Hobbes` "Leviathan" als Begründung dieses modernen Staates verstanden. Grund der Entwicklung ist, dass der Glaube an die Erkennbarkeit einer vorgegebenen Ordnung und der Glaube an geistliche und weltliche Autoritäten zerbricht. Plötzlich hat das Wollen Vorrang vor dem Denken (**Voluntarismus**): Sittliches Handeln gründet nicht im Wissen – wie Platon behauptet –, sondern im freien Willen des Menschen.

Der Mensch unterwirft sich nicht mehr demütig dem Willen Gottes, sondern bringt **seinen eigenen Willen** zur Geltung. Deshalb begründet die politische Philosophie Staat und Recht nicht mehr aus dem Willen Gottes, sondern leitet sie ab aus dem Willen des Individuums. Diese Willen unterscheiden sich aber in der Frage, was "gerecht" ist. Das zeigen die Bürgerkriege des 16. / 17. Jahrhunderts, die der Glaubensspaltung folgten. Der Staat kann die zerbrochene Einheit der religiösen Überzeugung nicht wiederherstellen. Also muß er sich der Beantwortung der Wahrheitsfrage entziehen. Die Legitimation des Staates kann sich folglich nicht mehr aus der Richtigkeit des Inhalts, sondern nur noch aus der Kompetenz dessen, der es erläßt, ergeben ("Authoritas, non veritas facit legem", Hobbes).

b) Aus diesen Gründen verlangt der moderne Staat nur noch **Legalität**, nicht Moralität. Das heißt: Die Unterworfenen schulden nur noch die äußere Befolgung des Gesetzes, nicht aber den Glauben, dieses sei gerecht. Damit unterscheidet sich der moderne Staat vom vormodernen Gerechtigkeitsstaat, für den Recht und Ethos eins waren.

In der Bundesrepublik ist die Gerechtigkeit aus dem Gerüst des Staatssystems ausgeklammert. Deutlich wird das unter anderem dadurch:

→ Der Gesetzgeber nimmt nicht für sich in Anspruch, dass seine Gesetze moralisch richtig sind. Vielmehr stehen sie zur **Disposition des BVerfG**. Dieses kann Gesetze für nichtig erklären.

→ Es gibt kein Gesinnungsstrafrecht. Zwar sind auch die Motive einer Tat beachtlich, auf die Gesinnung des Täters kommt es aber nicht an.

→ Der Staat entzieht sich der religiösen Wahrheitsfrage. Im Staatskirchenrecht ist geregelt, dass **alle Religionen nebeneinander** und gleichberechtigt bestehen können. Eine Ausnahme gilt für Gruppen, die freiheitsgefährdend sind (z.B. militante Islamvereine) oder Wirtschaftsunternehmen, die sich nur zur Tarnung religiös geben (z.B. Scientology).

→ Entscheidungen fallen in einem System der **parlamentarischen Demokratie** mit Gewaltenteilung (Art. 20, 38, 70ff. GG). Damit wird gesichert, dass möglichst viele zum Zuge kommen.

→ Gesetze können nur in sehr seltenen Fällen eine echte Rückwirkung entfalten – auch wenn dies möglicherweise gerecht wäre. Rechtssicherheit geht hier also vor. Das **Rückwirkungsverbot** (keine Rückbewirkung von Rechtsfolgen) leitet sich aus dem Rechtsstaatsprinzip (Art. 20 I GG) ab.

Frage 2

Die materiale Gerechtigkeit, die der moderne Verfassungsstaat aus der Tür gewiesen hat (siehe Frage 1), kehrt durch eine andere Tür wieder zurück.

→ Gerichtsentscheidungen und Verwaltungsakte werden **begründet** (folgt aus dem Rechtsstaatsprinzip, Art. 20 I, 28 I GG). Dies dient dazu, Akzeptanz zu erreichen. Der Unterworfene sieht, dass sich um Richtigkeit bemüht wurde.

→ Das Grundgesetz kennt mit seinen **Grundrechten** zahlreiche Gebote der Gerechtigkeit. So ist in Art. 3 I GG der allgemeine Gleichheitssatz normiert. Besondere Gleichheitssätze finden sich unter anderem in Art. 6 V, 33 I, 38 I GG. Im Strafprozeß sichern die Verfahrensgrundrechte (Art. 102, 103 GG) Gleichbehandlung.

→ Zudem ist die Gerechtigkeit eine **Tugend** der Amtsträger. Die Mitglieder der Regierung schwören, „Gerechtigkeit gegen jedermann" zu üben (Art. 56 Satz 1 GG). Die Richter schwören „nur der Wahrheit und Gerechtigkeit zu dienen". Die Beamten sind kraft Gesetzes verpflichtet, ihre Aufgaben „unparteiisch und gerecht" zu erfüllen.

Auch der moderne Staat unterliegt also den Kriterien der Gerechtigkeit. Dies forderte schon Augustinus ein: „Was anderes sind also Staaten, wenn ihnen die Gerechtigkeit fehlt, als große Räuberbanden?" Durch einfachen Vertrag kann sich auch eine Räuberbande konstituieren. Der **Zweck des Staates dagegen ist auf Gerechtigkeit angelegt**.

Frage 3

a) Das Prinzip der „Billigkeit" dient dazu, die Legalgerechtigkeit durch das Korrektiv der **Einzelfallgerechtigkeit** zu ergänzen. „Die Billigkeit schleift die Kanten des allgemeinen Gesetzes ab" (Isensee). Damit passt sie das Gesetz den besonderen Gegebenheiten an und verhindert, dass die Legalgerechtigkeit ihr Maß verliert.

> Die römischen Juristen haben demgemäß zwischen *ius scriptum* und ***ius aequum*** unterschieden und das *ius scriptum* mit der so gewonnenen Möglichkeit einer Korrektur davor bewahrt, bei der zur letzten Konsequenz getriebenen Anwendung (*summum ius*) in größtes Unrecht (*summa iniuria*) umzuschlagen.

Aristoteles hat damit erkannt, dass es nicht immer möglich ist, eine allgemeine Bestimmung so zu fassen, dass sie für alle darin eingeschlossenen Einzelfälle richtig ist. Deshalb schlägt das genannte Verfahren einer **interpretatorischen Ergänzung des Gesetzes** aus dem Geist der jeweiligen Regelung vor.

> Vgl. dazu Art. 1 des Schweizerischen Zivilgesetzbuches: „Kann dem Gesetz keine Vorschrift entnommen werden, so soll der Richter nach Gewohnheitsrecht und, wo auch ein solches fehlt, nach der Regel entscheiden, die er als Gesetzgeber aufstellen würde."

b) Einen vergleichbaren Art. 1 gibt es im BGB nicht. Jedoch kann über § 242 BGB (**Treu und Glauben**) nicht selten eine Korrektur gefunden werden. Den gleichen Zweck hat die Regelung zur „Störung der Geschäftsgrundlage" (§ 313 BGB). Im **Gnadenrecht** bekennt sich der Rechtsstaat zu seiner eigenen Unvollkommenheit. Durch die Verjährung wird die Idee der Gerechtigkeit, die zeitlos ist, in ihrer Verwirklichung dem „Gesetz der Zeitlichkeit" unterworfen.

Aus diesen Beispielen wird deutlich, dass auch der deutsche Gesetzgeber Schroffheit ablehnt und in extremen Fällen der Gerechtigkeit des Einzelfalls den Vorrang einräumt. Das Gegenteil davon sind Querulantentum und Rechthaberei. Dieser "**Gerechtigkeitsperfektionismus**" (Isensee) liegt genauso fern wie der Gerechtigkeitsfanatismus eines Michael Kohlhaas.

Literatur:

→ Isensee: Gerechtigkeit – zeitlose Idee im Verfassungsstaat der Gegenwart, in: Schmidinger (Hrsg.), Gerechtigkeit heute – Anspruch und Wirklichkeit, Innsbruck-Wien 2000, Seiten 253ff. (grundlegender Aufsatz zur Gerechtigkeit).

→ Hofmann, Einführung in die Rechts- und Staatsphilosophie, Zweiter Teil, 1. Kapitel, § 19 II: Recht und Billigkeit, Seiten 101f.

→ Zenthöfer, Juristische Grundkurse Band 19 – Grundrechte (Menschenwürde, Seiten 34ff.; Meinungsfreiheit, Seiten 53ff.; Gleichheitsgrundrechte, Seiten 114ff.).

Klausur 12

Aufgabe

"Banal erscheint, obwohl im alltäglichen Sprachgebrauch oft vermischt, dass Gleichverteilungen keineswegs per se schon gerecht und ungleiche Verteilungen ungerecht sind. Das Gegenteil kann der Fall sein: gleiche Verteilungen ungerecht und ungleiche Verteilungen gerecht. Die iustitia distributiva, *die Verteilungsgerechtigkeit, hat also ein Kriterienproblem. Bei dessen Lösung besteht alles andere als Einigkeit in der Gerechtigkeitsphilosophie der Gegenwart. Was soziale Gerechtigkeit ist, sein sollte und sein kann, wird von libertären Denkern wie Friedrich August von Hayek, sozialliberalen Philosophen wie John Rawls oder Kommunitaristen wie Michael Walzer unterschiedlich beantwortet."*

(Wolfgang Merkel, Frankfurter Allgemeine Zeitung, 2. Januar 2001)

Was bedeutet "Soziale Gerechtigkeit" für Hayek, Rawls und Walzer?

Lösung

Soziale Gerechtigkeit ist ein Terminus der Neuzeit. Ziel des modernen Staates ist es, dem Einzelnen Sicherheit zu bieten vor den gewalttätigen Übergriffen der Nebenmenschen. Ursprünglich meinte man unter "**Sozialer Sicherung**" die Versicherung von Risiken der Krankheit, Invalidität, Arbeitslosigkeit und Alter. Heute wird mit "**Sozialer Gerechtigkeit**" oft die Korrektur einer Güterverteilung bezeichnet, die der Markt hervorbringt.

a) Für **Hayek** besteht kein Bedarf einer solchen Korrektur. Die Güterverteilung werde vom Markt geregIt. Adam Smith fand dafür die Bezeichnung der "unsichtbaren Hand". Die sich in der Gesellschaft niederschlagenden Tauschergebnisse des Marktes seien nicht beabsichtigte Ergebnisse invididueller Handlungen. Weil diese individuellen Handlungen nicht beabsichtigt seien, liegen sie außerhalb jeder gerechtigkeitstheoretischen Bewertung. Die Rede, dass der Markt "ungerecht" ist, sei deshalb unsinnig.

Hayek lehnt staatliche Interventionen in wirtschaftliche Abläufe deshalb strikt ab. Dies aber hatte Keynes unter dem Eindruck der Massenarbeitslosigkeit während der Weltwirtschaftskrise von 1929 gefordert und wird heute noch vom ehemaligen SPD-Vorsitzenden Lafontaine vertreten.

Nach Hayek ist **wirtschaftliche Freiheit** ein Garant für **politische Freiheit**. Eine Gesellschaft, die sich auf individuelle Freiheit gründe, sei nicht nur leistungsfähiger als jede andere Form gesellschaftlicher Organisation, sondern führe auch zu größerer Gerechtigkeit. Die Rolle, die sie dem Markt zuschreibe, gehe weit über eine optimale Ressourcenverteilung hinaus: Der Markt wird zu einem globalen Organisationssystem der Gesellschaft.

Das beste **Sozialprogramm** ist für Hayek, den Staat nur dort einzusetzen, wo er wirklich gebraucht wird: Bei der inneren und äußeren Sicherheit (Militär, Justiz, Polizei).

> Hayek übersieht, dass auch der Markt seine Fehler hat. Nicht alles kann ohne staatlichen Eingriff zur Zufriedenheit der Individuen gelöst werden. Jedoch zeigen die Befunde in der heutigen Bundesrepublik (sehr hohe Sozialabgaben, relativ hohe Steuern, viel Bürokratie, dichte Verrechtlichung; daraus resultierend Arbeitslosigkeit), dass wir *zuviel* Staat und *zuwenig* Markt haben.

b) John **Rawls** dagegen glaubt, dass der Markt nicht als Schiedsrichter für soziale Gerechtigkeit taugt. Der Markt besitze zwar die Eigenschaften einer unübertroffenen Allokationseffizienz, aber die Herstellung gerechter gesellschaftlicher Zustände gehöre nicht zu seinen Stärken. Hauptgrund für diese Blindheit seien ungleiche Zugangsbedingungen der Individuen zum Markt.

Die Individuen sollten daher mit einem **gleichen Satz von Grundgütern** ausgestattet werden, um die „skandalöse Lotterie der Natur" und die Ungleichheit der sozialen Startbedingungen zu korrigieren. Nach Rawls kann es eine ungleiche Verteilung der Grundgüter „Freiheiten und Chancen", sowie „Selbstachtung" nicht geben, eine ungleiche Verteilung der Grundgüter „Einkommen und Vermögen" nur dann, wenn dies jedermann zum Vorteil gereicht.

Dies sind die **zwei Grundregeln**. Dabei kommt der ersten Regel ein „lexikalischer Vorrang" zu. An den Grundsätzen der ersten Regel muß sich eine Verfassung messen lassen.

Rawls ist damit **anti-utilitaristisch**. Für ihn zählt nicht das größte Glück der größten Zahl, sondern die Sicherung der Grundfreiheiten für jedermann. Er hat diese Ideen in seiner „Theorie der Gerechtigkeit" entwickelt.

Rawls Verteilungsregeln	
1. Regel: Jedermann soll das gleiche Recht auf das umfangreichste System gleicher Grundfreiheiten haben, das für andere verträglich ist: politische Rechte, Rede- und Versammlungsfreiheit, Unverletzlichkeit der Person, Eigentum.	**2. Regel:** Soziale und wirtschaftliche Ungleichheiten (in Einkommen, Vermögen und Macht) sind so zu gestalten, dass (a) vernünftigerweise zu erwarten ist, dass sie zu jedermanns Vorteil dienen, und (b) sie mit Positionen und Ämtern verbunden sind, die jedermann offen stehen.

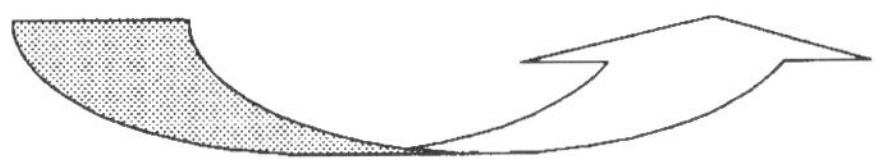

lexikalischer Vorrang der ersten Regel

Problematisch ist in dieser Theorie, warum es eine Gleichheit nur für die wirtschaftlichen Güter geben soll. Ebenso könnte man eine Gleichverteilung hinsichtlich der *ideellen* Güter verlangen, die das Selbstbewußtsein noch tiefer prägen und über den Lebenserfolg entscheiden. Die Natur verteilt Schönheit ungleich und legt so den Grund zu Glück und Unglück. Korrigiert werden kann das nur durch eine genetische Korrektur.

Genauso wie wir eine solche genetische Korrektur ablehnen, weil sie die Individualität des Menschen aufheben würde, ist eine solch rigorose wirtschaftliche Korrektur abzulehnen. Rawls Modell läuft auf einen **paternalistischen Wohlfahrtsstaat** hinaus.

Der Zwang zur Einkommens(um)verteilung führt zu einer totalen Beherrschung der Wirtschaft, im Ergebnis zu einer Senkung der Produktivität. So erweist sich denn die Formel der „sozialen Gerechtigkeit“ als – so Hayek – „**trojanisches Pferd des Totalitarismus**“.

c) Nach **Walzer** darf es keine übergreifende Verteilungslogik für so verschiedene „Sphären" wie (staats)bürgerliche Zugehörigkeit, soziale Sicherung und Wohlfahrt, Geld und Waren, Erziehung und politische Macht geben. Jede Güter- und Lebenssphäre besitze ihre eigenen Verteilungsregeln. Keine Verteilungsregel dürfe in eine andere Sphäre „hineinregieren".

Insbesondere müsse es aus Gründen der Gerechtigkeit Güter geben, deren Verteilung **nicht von Geld abhängt**. Deren Verteilung solle sich nach dem Gleichheitsgrundsatz und der Bedürftigkeit, nicht aber nach individuellem Wohlstand richten.

Walzer lehnt aber das westeuropäische Modell des Sozialstaats ab. Er produziere Bürokratie und trockne die Quellen der **Zivilgesellschaft** aus. Besser sei es, das staatlich garantierte Wohlfahrtsminimum lokal zu vergeben. Damit ist Walzer ein Vertreter der Idee der Subsidiarität und Verfechter der Zivilgesellschaft.

Literatur:

→ Merkel: Soziale Gerechtigkeit in Deutschland – warum Studiengebühren gerecht und hohe Sozialstaatsleistungen ungerecht sein können; F.A.Z. vom 2. Januar 2001.

→ Zenthöfer, Rechtsphilosophie, Seite 85 (Rückfall: Idee des Kommunismus – übersteigerte Form von sozialer Gleichheit; warum konnte der Kommunismus nicht funktionieren? = drei Gründe).

Klausur 13

Aufgabe

"Was die Bedingung ausmacht, unter der allein etwas Zweck an sich selbst sein kann, hat nicht bloß einen relativen Wert, das heißt einen Preis, sondern einen inneren Wert, eine Würde."
(Kant, Grundlegung der Metaphysik der Sitten, 435)

1. Was bedeutet die Unterscheidung von "Preis" und "Würde" bei Kant?

2. Welche philosophisch-historischen Begründungen der Menschenwürde kennen Sie?

3. Wie und wann wurden Menschenrechte kodifiziert? Beziehen Sie sich auch auf die Menschenwürde als Verfassungsgarantie in der Bundesrepublik!

Lösung

Frage 1

Nach Kant ist der Mensch aufgrund seiner Fähigkeit, sittliches Subjekt sein zu können (was wiederum aus der ursprünglichen Selbstbestimmung des Willens, der Freiheit als einzig angeborenem Recht folgt), Zweck an sich selbst. Es gebe keinen äquivalenten Wert, gegen den er verrechnet werden könnte.

<table>
<tr><th colspan="3">Kant unterscheidet Preis (pretium) von Würde (dignitas)</th></tr>
<tr><td>"Marktpreis" für menschliche Güter, die den Zielen unserer natürlichen Triebe entsprechen.</td><td>"Affektionspreis" für menschliche Güter der Unterhaltung und des Kunstgenusses.</td><td>"Würde" dagegen ist ein Prädikat, das allein dem Gut des Personseins zukommt = ein innerer und äußerer Wert.</td></tr>
<tr><td colspan="3">Kant: "Die Menschheit selbst ist eine Würde; denn der Mensch kann von keinem Menschen (weder von Anderen noch von sich selbst) bloß als Mittel, sondern muß jederzeit zugleich als Zweck gebraucht werden, und darin besteht seine Würde."</td></tr>
</table>

Nach Kant hat jeder Mensch einen rechtmäßigen Anspruch auf Achtung von seinen Nebenmenschen, und wechselseitig ist er dazu auch gegen jeden anderen verbunden: Die Menschheit selbst ist eine Würde; denn der Mensch kann von keinem Menschen bloß als Mittel, sondern muß jederzeit zugleich als

Zweck gebraucht werden, und darin besteht eben seine Würde (die Persönlichkeit). Dies unterscheidet den Menschen von Tieren und Sachen. Grundlage des Würdegedankens ist die Freiheit des Menschen als einzig angeborenem Recht.

Freiheit als angeborenes Recht.

↓

Freiheit ist für Kant Freiheit, wenn sie als eine ursprüngliche **Selbstbestimmung des Willens** gedacht wird, als die Fähigkeit, sich von der Vernunft bestimmen zu lassen.

↓

Vernünftig ist aber nur eine Handlungsmaxime, die für jedermann gültig, also kategorisch sein kann.
Kant entwickelt den „**kategorischen Imperativ**".

↓

Durch die Befolgung dieses Imperatives wird der Mensch zum **moralischen Subjekt**, er behandelt andere nicht als Mittel.
Das Subjekt ist also Zweck an sich selbst: Würde.

Kant hat verschiedene Versionen seines **Kategorischen Imperatives** verfasst. Hier passt am besten folgende:

„Handle so, dass du die Menschheit in deiner Person und in der Person eines jeden anderen, jederzeit als Zweck, und niemals bloß als Mittel gebrauchst." (Grundlegung der Metaphysik der Sitten, 429).

Der **Neukantianismus** des 19. / 20. Jahrhunderts hat diesen Würdebegriff wieder aufgegriffen und für eine spätere verfassungsrechtliche Verwendung vorbereitet. So betont Cohen, dass der Verlust der Würde als selbständiger Wert eines jeden Individuums „überhaupt unmöglich" ist.

Frage 2

Die Wurzeln des Menschenwürdebegriffs liegen in der antiken Tradition und in der biblisch-christlichen Tradition.

a) Antike

Als Wesen, dessen Auszeichnung darin besteht, Vernunft zu besitzen und sein Handeln durch Vernunft zu bestimmen, versteht **Sokrates** den Menschen. Das oberste Prinzip des Sittlichen sei das Handeln nach der Vernunft („Ich folge dem Logos") – im Gegensatz zum Handeln gemäß der bloßen Tradition oder den Antrieben der biologischen Natur. Der innere Zusammenhang von Vernunftbesitz, Selbstsein und Freiheit, der nach Sokrates gerade das Proprium des Menschen darstellt, ist ihm nicht einfach *gegeben*, sondern *aufgegeben*.

Aristoteles greift diesen Gedanken auf. Der Mensch unterscheide sich von allen anderen Lebewesen dadurch, dass er nicht einfach lebt, sondern nur lebt, indem er sein Leben führt. Natur des Menschen sei es, mit Vernunft begabt zu sein, d. h. sein Handeln aus Einsicht zu bestimmen, weshalb er ebenso glücken wie scheitern kann.

b) Stoa

In der Stoa wird der Mensch endgültig zum Vernunftwesen. Allen moralischen Forderungen liege das Prinzip zugrunde, „in Übereinstimmung mit der Natur zu leben", wobei mit Natur die Vernunftnatur des Menschen gemeint ist. **Cicero** gebraucht den Begriff der „Würde" (lat. dignitas) erstmals nicht nur, um im traditionellen Sinn die Würde zu bezeichnen, die einem Menschen aufgrund seines sozialen Rangs zukommt. Vielmehr bezeichne „Würde" die herausragende Stellung, die dem Menschen *kraft seiner Natur* innerhalb des Kosmos zukommt.

c) Heilige Schrift / Christentum

Weil der Mensch als Ebenbild Gottes geschaffen ist (z.B. Genesis 1, 27), erwächst ihm ein auf Erden unverfügbarer Eigenwert. Da der Mensch „vor Gott" steht, überragt er alle endlichen Bestimmungen und besitzt eine Hoheit und Unantastbarkeit, die ihm nicht erst von der Gesellschaft *zu*erkannt wird, sondern die schlechthin *an*erkannt werden muß.

Weil Gott jeden „bei seinem Namen ruft" (vgl. Jesaja 43, 1) und ihn als einzigartiges Du will, ist der einzelne kein „Fall von Menschsein", sondern „Person", d.h. für sich selbst ein in einmaliger Weise gerufenes Ich.

Die weitere Entwicklung des Menschenwürdebegriffs:

d) In der Neuzeit treten die christliche Lehre von der Ebenbildlichkeit des Menschen mit Gott und die stoische Lehre von der Natur zurück. Dies führt aber nicht zu einer Preisgabe des Gedankens der Würde. **Picco della Mirandola** benutzt den Begriff der Würde, um das Schöpfertum des Menschen zu bezeichnen. Ausdrücklich weist er die stoische Bestimmung des Menschen als Beobachter, Nachahmer und Interpret der göttlichen Natur zurück.

Für **Pufendorf** ist der Mensch ein sittlich freies Wesen mit originärer Würde von Geburt an. Damit wendet er sich gegen die Lehre des Aristoteles, dass es „Sklaven von Natur" gibt. Zur Verwirklichung der Würde müsse der Mensch – so Pufendorf – in Gemeinschaft leben.

> Der Würdegedanke ergibt sich auch aus dem erkenntnistheoretischen Prinzip, das aus einem „Sein" kein „Sollen" folgen kann (Hume). Wenn die Natur also keinen übergreifenden Sinn hat, aus dem sich normativ verbindliche Ziele des menschlichen Handelns ergeben, dann kann nur der Mensch selbst die Quelle eines solchen Sinns und der Ursprung solcher Ziele sein. Der Mensch schöpft also Normen. Darin liegt seine Würde.

Für **Locke** ist die Person „ein denkendes, verständiges Wesen, das Vernunft und Überlegung besitzt und sich als sich selbst betrachten kann". Alle Menschen sind für ihn darin gleich, dass sie über das gleiche Interesse am eigenen zukünftigen Glück verfügen. Diese Vernunft, dieses Bewußtsein und diese Zukunftssorge mache die Würde des Menschen aus.

Für den **Utilitarismus** (Bentham / Mill) sollen Handlungen von ihren Folgen her beurteilt werden: Konsequenzenprinzip. Diese Folgen seien ausschließlich von ihrer Nützlichkeit her, die sie für eine möglichst große Zahl von Menschen haben, zu messen (**Utilitätsprinzip**). Moral wird folglich begründet aus dem Eigeninteresse des Menschen. Ethische Forderungen beschränken sich auf Unparteilichkeit, d. h. gleichen Interessen gleiches Gewicht zuzuordnen.

Damit ist allerdings der Nachteil verbunden, zwei andere elementare sittliche Ideen nicht angemessen aufnehmen zu können:
→ Jedem das Seine zu geben (distributive Gerechtigkeit),
→ Respekt vor der individuellen Selbstbestimmung.

Frage 3

a) Historische Entwicklung der Menschenrechte

1776	**Virginia Bill of Rights**: Die Menschenrechte wurden erstmals von nach Amerika ausgewanderten Europäern positiviert, die die Bindungen an die britische Krone aufkündigten, um sich eine Verfassung entsprechend dem Naturrecht zu geben. Gewährleistet waren u.a. das Recht auf Leben und Freiheit; sowie Pressefreiheit, Verfahrensrechte und der Eigentumsschutz. Die Virginia Bill of Rights beginnt mit der Feststellung, dass „all men are by nature equally free and independent and have certain inherent rights".
1789	Die zehn Amendments (Zusatzartikel) zur amerikanischen Bundesverfassung enthalten den vollen Katalog der Grundrechte. Von besonderer Bedeutung war die stillschweigend damit verbundene Ermächtigung der Gerichte, alle Hoheitsakte einschließlich der Gesetze auf ihre Vereinbarkeit mit den Grundrechten zu überprüfen.
1789	**Erklärung der Menschen- und Bürgerrechte**, welche von der Französischen Nationalversammlung verabschiedet wurde. Die Grundrechte entfalten Wirkung gegenüber der Verwaltung und als Direktive gegenüber dem Gesetzgeber.
1818 / 19	In den deutschen Verfassungen des Frühkonstitutionalismus 1818/19 (Baden, Bayern, Württemberg) finden sich die ersten Grundrechtskataloge auf deutschem Boden. Etwa von 1850 an hatten die meisten deutschen Staaten Verfassungen mit Grundrechtskatalogen.
1848	Die Frankfurter Nationalversammlung verabschiedet die sog. **Paulskirchenverfassung** mit einem Grundrechtsteil. Die Verfassung scheitert jedoch.
1867 / 1871	Die Verfassungen des Norddeutschen Bundes und des Deutschen Reiches enthalten keine Grundrechte. Durch einfache Gesetze, z.B. zur Gewerbefreiheit (1869) und zur Pressefreiheit (1874), wurden reichsrechtlich grundrechtsgleiche Gewährleistungen geschaffen. Eine richterliche Überprüfung war möglich.

1919	In der Weimarer Reichsverfassung findet sich ein umfassender, sich auch auf wirtschaftliche und soziale Rechte erstreckender, Grundrechtskatalog. Jedoch galten die Grundrechte nur nach Maßgabe der Gesetze.
1933 – 45 / 49 - 89	Zur Zeit der beiden deutschen Diktaturen („Drittes Reich", SED-Diktatur) galten die Grundrechte nicht.
1948	**Allgemeine Erklärung der Menschenrechte** (UN-Deklaration), die zwar nur den Charakter einer formell nicht bindenden Empfehlung hat, aber mehr und mehr als Ausdruck jedenfalls teilweise völkerrechtlicher bindender Rechtsnormen angesehen wurde.
seit 1949	Das **Grundgesetz** bindet nach Art. 1 III ausdrücklich alle staatliche Gewalt als unmittelbar geltendes Recht und wird vom BVerfG auch gegenüber dem Gesetzgeber geschützt. In Art. 1 I GG findet sich, dass die Würde des Menschen unantastbar ist.
1950	EMRK des Europarates.
1966	Die Generalversammlung der UN verabschiedet den Internationalen Pakt über bürgerliche und politische Rechte.
1970	Der Internationale Gerichtshof bezeichnet „the basic rights of the human person, including protection from slavery and racial discrimination" als Bestandteile des zwingenden Völkerrechts.
2000	Die Europäische Grundrechtecharta nennt die Menschenwürde in Art. 1 als erstes Recht. Allerdings ist die Charta (noch) nicht in Kraft. Sie würde nur in der EU gelten, hat nichts mit dem Europarat zu tun.

→ Die **erste Generation** der Menschenrechte formulierte Abwehrrechte gegen staatliche Willkür und Bevormundung.

→ Die **zweite Generation** fordert positiv gewisse ökonomische, soziale und kulturelle „Teilhaberechte" ein.

→ Die **dritte Generation** fordert ökologische Menschenrechte, z.B. der Anspruch auf saubere Luft und intakte Biosphäre.

b) Menschenwürde als Verfassungsgarantie in der Bundesrepublik

Art. 1 I GG bestimmt: „Die Würde des Menschen ist unantastbar. Sie zu achten und zu schützen, ist Verpflichtung aller staatlichen Gewalt." Damit reagierte der Grundgesetzgeber in erster Linie auf die Menschenverachtung der NS-Diktatur.

Nach Art. 1 der Allgemeinen Erklärung der Menschenrechte von 1948 sind alle Menschen „frei und gleich an Würde und Rechten geboren".

Nach dem GG ist die Menschenwürdegarantie nicht bloßer Programmsatz, sondern **unmittelbar geltendes Recht**. Denn Art. 1 I GG verpflichtet alle staatliche Gewalt und bindet wegen Art. 79 III GG sogar den verfassungsändernden Gesetzgeber. Weil der Mensch durch die Würdegarantie gerade als Subjekt geschützt ist, hat diese Garantie den Charakter eines subjektiven Grundrechts, auf das Verfassungsbeschwerden gestützt werden können.

Mit der staatlichen Pflicht, die Menschenwürde zu *achten*, soll gesichert werden, dass der Staat bei seinem Handeln die Menschenwürde unangetastet läßt. Die dem Staat obliegende **Schutzpflicht** zerfällt in zwei Bereiche: Schutz durch materielle Unterstützung von Seiten des Staates und Schutz vor Angriffen durch andere.

Bei der Frage, ob die Menschenwürde **verletzt** ist, muß stets auf den sozialen Wert- und Achtungsanspruch abgestellt werden, der dem Menschen wegen seines Menschseins zukommt (BVerfGE 87, 209, 228). Unter welchen Umständen der soziale Wert- und Achtungsanspruch verletzt ist, läßt sich nicht generell sagen, sondern immer nur in Ansehung des konkreten Falls. Anhaltspunkte sind:

→ „der Eigenwert des Menschen schlechthin" (sog. **Mitgifttheorie**),

→ „die Würde aufgrund der Leistung der eigenen Identitätsbildung" (sog. **Leistungstheorie**),

→ „die Verdinglichung des Menschen, der zum Objekt beliebigen Verhaltens gemacht wird"
(sog. **Objektformel** von Dürig, dazu BVerfGE 30, 1, 25; 87, 209, 228).

Zur Achtung der Würde sind nach Art. 1 I GG alle drei Gewalten verpflichtet. Jedoch entfaltet die Menschenwürde auch eine **Drittwirkung**. Sie ist bei der Ausfüllung zivilrechtlicher Begriffe wie „Treu und Glauben" und „gute Sitten" zu berücksichtigen. Deshalb hat der BGH Benetton zur Unterlassung von Schockwerbung verpflichtet nach § 1 UWG (menschliches Körperteil mit HIV-positiv-Stempel).

Nach **Hasso Hofmann** kann Menschenwürde als Rechtsbegriff nicht losgelöst von einer „konkreten Anerkennungsgemeinschaft" gedacht werden (HFR 1996, Beitrag 8; www.rewi.hu-berlin.de/HFR/). Daraus folge, dass die Würdegarantie nicht dazu verpflichtet, jeden hungernden Somali mit Nahrung zu versorgen oder einen Asylanten aufzunehmen (wozu sonst gäbe es den speziellen Art. 16?). Denn dieser gehöre nicht der **konkreten Anerkennungsgemeinschaft** an, für die die Würdegarantie des GG gelte. Letztlich formuliere Art. 1 I GG als Staatsfundamentalnorm nur das innere Prinzip des Republikanismus, nämlich die wechselseitige Gleichachtung eines jeden einzelnen Rechtsgenossen. Diese Norm sei zu unterscheiden von der universellen Idee der Menschenwürde, bei der es sich um eine moralische, nicht aber um eine rechtliche Kategorie handele. Die in Art. 1 I GG gemeinte Würde sei das, was die Menschen sich einander im Staatsgründungsakt als Rechtsgenossen versprächen.

Hofmann wendet sich mit seiner Sicht der Dinge **gegen** die Vertreter der Ansicht, Menschenwürde bezeichne einen vorrechtlichen Anspruch, der jedem Lebewesen zusteht, das Menschenantlitz trägt, und den die Rechtsordnung deshalb nur anzuerkennen und nicht zur konstituieren hat („**Mitgifttheorie**").

Für Hofmann hat der Embryo keinen sozialen Achtungsanspruch, sondern ist nur Schutzobjekt einer Rechtspflicht. **Würdegarantie** und **Lebensschutz** seien **zweierlei**.
Gegen Hofmann spricht, dass das moralische Gebot der Menschenwürde nicht erst durch eine Staatsgründung geschaffen werden kann. Sie muß bei der Modellvorstellung vom Gesellschaftsvertrag vielmehr immer schon vorausgesetzt werden, weil anders das Zustandekommen eines solchen Vertrages gar nicht gedacht werden kann. Die Geltung eines Vertrages beruht nämlich auf der vorvertraglichen moralischen Norm, dass Verträge gehalten werden müssen. Und diese Norm läßt sich aus der noch allgemeineren moralischen Norm ableiten, wonach man Vertrauen, das man, indem man ein vertragliches Versprechen abgibt, selbst geschaffen hat, nicht enttäuschen darf. Das Gebot, Verträge zu halten, beruht auf dem Instrumentalisierungsverbot, also auf dem Gebot der Achtung der Menschenwürde.

Literatur:

→ Hofmann, Einführung in die Rechts- und Staatsphilosophie, Zweiter Teil, 3. Kapitel: Der stumme Schrei der Opfer totalitärer Herrschaft (zur SED-Diktatur: "Der von manchen Betroffenen zur Verteidigung vorgebrachte Satz, dass heute nicht Unrecht sein könne, was seinerzeit kraft Gesetzes Recht war, ist falsch [...]").

→ Hofmann: Die versprochene Menschenwürde, in: Humboldt Forum Recht, 1998, Beitrag 8; ebenso in: Archiv des öffentlichen Rechts 118 (1993), Seiten 353-377.

→ Tiedemann: Menschenwürde als Verfassungsbegriff, in: Humboldt Forum Recht, 1997, Beitrag 7 (Replik zu Hofmann; zeitlich zuvor veröffentlicht, da Hofmanns Aufsatz zugleich seine Antrittsvorlesung an der Humboldt-Universität zu Berlin am 21. Januar 1993 und damit bereits bekannt war).

→ Höffe, Otfried: Rechtspflichten vor Tugendpflichten – das Prinzip Menschenwürde im Zeitalter der Biomedizin, F.A.Z. vom 31. März 2001, Seite 11.

→ Zenthöfer, Rechtsphilosophie, Seite 75 (Menschenwürde, wie diese verletzt wird, aus der Würde-Rechtsprechung des BVerfG).

Klausur 14

Aufgabe

Stellen Sie sich vor, ein Terrorist hat in einer großen deutschen Stadt eine Zeitbombe versteckt. Er wird geschnappt, teilt der Polizei aber nicht mit, wo die Bombe genau liegt und wie man sie entschärfen kann. Die Polizei weiß aber mit Sicherheit, dass die Bombe irgendwo liegt und dass im Fall einer Explosion einige Zehntausend Menschen sterben könnten.

Darf man den Terroristen foltern, um zu den Aussagen zu gelangen?

> Konvention zum Schutz der Menschenrechte und Grundfreiheiten von 1950 (EMRK):
>
> **Art. 2 Recht auf Leben.**
>
> (1) Das Recht jedes Menschen auf Leben wird gesetzlich geschützt. Niemand darf absichtlich getötet werden, außer durch Vollstreckung eines Todesurteils, das ein Gericht wegen eines Verbrechens verhängt hat, für das die Todesstrafe gesetzlich vorgesehen ist.
>
> (2) Eine Tötung wird dann nicht als Verletzung dieses Artikels betrachtet, wenn sie durch eine Gewaltanwendung verursacht ist, die unbedingt erforderlich ist, um
>
> a) jemanden gegen rechtswidrige Gewalt zu verteidigen;
>
> b) jemanden rechtmäßig festzunehmen oder jemandem, dem die Freiheit regelmäßig entzogen ist, an der Flucht zu hindern;
>
> c) einen Aufruhr oder Aufstand rechtmäßig niederzuschlagen.
>
> **Art. 3 Verbot der Folter.**
>
> Niemand darf der Folter oder unmenschlicher oder erniedrigender Strafe oder Behandlung unterworfen werden.

Lösung

Staatliche Folter ist in **Art. 104 I 2** und **Art. 1 I GG** untersagt. Das GG steht über allen einfachen Gesetzen. Daher darf man den Terroristen nicht foltern. – Diese einfache Lösung erzeugt Widerspruch, wenn man an die potentiellen Opfer der Bombe denkt. Auch sie besitzen Würde. Der Staat hat aus Art. 1 I GG eine **Schutzpflicht**. Folglich könnte hier die Würde des Terroristen gegen die Würde der potentiellen Opfer stehen („Würde gegen Würde").

Ob in einem solchen Fall wirklich Würde gegen Würde steht, ist umstritten. In der Brugger-Schlink-Kontroverse vertrat der Heidelberger Rechtsphilosoph Brugger diesen Standpunkt. Dagegen meinte der Berliner Rechtsphilosoph Schlink, dass die tödliche Bedrohung keine Bedrohung der Menschenwürde sei.

Man müsse zwischen Leben und Würde und folglich auch zwischen Lebensschutz (Art. 2 II GG) und Würdeschutz (Art. 1 I GG) unterscheiden.

a) <u>Für Folter</u>

aa) Wenn man – mit **Brugger** – annimmt, dass Würde gegen Würde steht, könnte man zu einem Folterrecht, ja sogar zu einer Folterpflicht des Staates kommen. Das Recht zur Folter ergebe sich aus verschiedenen Grundsätzen des Polizeirechts.

→ Der Staat habe eine positive **Schutz**funktion für die Opfer.
→ Rechtsbrecher dürfen in die **Grenzen** des Rechts zurückgedrängt werden.
→ Die Gefahrenabwehr muß **effektiv** sein.

Schließlich sei auch der „finale Todesschuß" – zumindest in einigen Ländern – erlaubt. Wenn also Würde gegen Würde steht, müsse der Gesamtanspruch der Rechtsordnung Vorrang haben: Opfer sind zu schützen, Täter nicht zu schonen.

bb) Zwar kennt auch die **EMRK** als höherrangiges Recht in seinem Art. 3 das Folterverbot. Jedoch sei, so Brugger, Art. 2 II EMRK lex specialis, da es zum allgemeinen Verbot situationsbezogene Ausnahmen macht. Danach ist eine Tötung möglich, wenn Rechte Dritter zu verteidigen sind. Daraus wird auch die Befugnis zum „finalen Rettungsschuß" abgeleitet. Folglich könne man auch die Folter – ein minus zur Tötung durch Rettungsschuß – ableiten.

Danach gibt es also ein *juridisches* Recht, in diesen Fällen zu foltern – ob es ein *moralisches* Recht, ist eine andere Frage.

cc) Möglicherweise gibt es auch eine *juridische* **Folterpflicht**. Brugger verweist auf die grundrechtlichen Schutzpflichten. Im vorliegenden Fall könnte zudem das Ermessen auf Null reduziert sein. Aus der BVerfGE „Schleyer": „Die polizeiliche Freiheit bei der Wahl der Mittel kann sich in besonders gelagerten Fällen auf die Wahl eines bestimmten Mittels verengen."

dd) Zuletzt fragt sich Brugger, ob auch der Bürger einen **Anspruch** darauf habe, dass die Polizei einschreite. Dies könnte sich aus der **Schutznormtheorie** ergeben. Sie beschreibt die Voraussetzungen, unter denen eine Pflicht zum Handeln eines staatlichen Organs zu einem subjektiven Anspruch erstarkt. Dies sei hier – bei Ermessensreduzierung auf Null und einem Handeln (= Folter), das die Bürger als Opfer begünstigen würde (= Lebensschutz) – gegeben.

Voraussetzungen von Folter sind nach Brugger:
- evidente unmittelbare Gefahr
    - für die körperliche Integrität eines Unbeteiligten
        - verursacht durch einen identifizierten Störer
            - der die Gefahr verhindern kann
                - und dazu rechtlich auch verpflichtet ist

(aus der ex-ante-Sicht des Polizeibeamten).

ee) Das Recht auf Folter lässt sich möglicherweise auch aus der **Vertragstheorie** ableiten. Danach übertragen die Unterworfenen dem Staat das Gewaltmonopol. Im Gegenzug muß der Staat Freiheit sichern und Leben schützen. Kann der Staat dies nicht mehr leisten, gilt der Gesellschaftsvertrag nicht mehr (so Hobbes, aber auch Kant und Locke [„life" an erster Stelle bei life, liberty und estate]). Will der Staat seine Vertragspflichten erfüllen, hat er also alles zu tun, um Leben zu schützen. Wenn das nur mit Folter möglich ist, muß er foltern.

ff) Der **Utilitarismus** macht es sich mit seinem Konsequenzenprinzip noch einfacher: Das größte Glück der größten Zahl kann nur erreicht werden, wenn die Bombe entschärft wird. Deshalb ist es nützlich (Utilitätsprinzip), den Terroristen zu foltern.

b) <u>Gegen Folter</u>

aa) Nach **Schlink** dürfte auch in dem Terroristen-Fall nicht gefoltert werden. Dafür führt er zum einen an, dass hier nicht Würde gegen Würde stehe, sondern die Würde des Terroristen gegen das Leben der Opfer. Damit entzieht Schlink der Bruggschen Theorie den Boden unter den Füßen. Doch Schlink greift Brugger auch rechtsdogmatisch an:

→ **Parlamentsvorbehalt**: Folter müsste, da sie einen starken Eingriff in Grundrechte darstellt und damit „wesentlich" ist, eine ausdrückliche Grundlage im Gesetz haben.

→ Wenn es bei den Voraussetzungen der Folter auf den Polizeibeamten mit ex-ante-Sicht ankommt, reichen dann auch eine **Anscheinsgefahr** oder ein Gefahrenverdacht aus?

→ Ab **wann** dürfte man foltern? Erst wenn Zehntausende in Gefahr einer Bombe sind oder reicht ein Mensch aus?

Schlink meint schließlich, dass Juristerei nicht persönliche Verantwortung regeln kann. Es gebe eine Differenz zwischen dem, was rechtlich geboten, und was moralisch oder nützlich oder ökonomisch ist. Nicht immer könne die Rechtswissenschaft diese Differenz auflösen. Es müsse Konflikte geben zwischen Recht und Moral.

bb) Folter gab es im **Mittelalter**. Stichworte sind Hexenwahn und „heilige Inquisition". Die französische Revolution schaffte 1791 die Folter ab, die bis dahin der Hinrichtung vorausging und wählte die Guillotine als Instrument der Tötung, damit die Verurteilten weniger leiden. Damit setzte eine Entwicklung ein, die als **aufklärerisch** bezeichnet werden kann. Das Folterverbot ist eine Errungenschaft der westlich-zivilisierten Welt. Es aufzugeben könnte heißen, den moralischen Nimbus der Überlegenheit zu verlieren. Es wäre auch ein Rückschritt auf dem Weg zu universalen Rechtsprinzipien.

Literatur:

→ Brugger, Examensklausur im öffentlichen Recht – Würde gegen Würde, in: VBlBW 1995, Seiten 414f. (Aufgabe) und 446ff. (Lösung). Die wohl berühmteste Examensprobeklausur im Öffentlichen Recht.

→ Die Brugger-Schlink-Kontroverse wurde ausgetragen auf einer Diskussion an der Humboldt-Universität Berlin unter Leitung des ehemaligen Bundesverfassungsrichters Grimm. Die Aufzeichnung der Diskussion ist dokumentiert bei "Humboldt Forum Recht", www.rewi.hu-berlin.de/HFR/.

→ "Is torture ever justified?", in: Economist, 2003 (9. Januar); zur Debatte um das Folterverbot in den USA nach dem 11. September. Auch dort wird das Terroristen-Beispiel genannt.

→ Zenthöfer, Rechtsphilosophie, Seite 75 (Menschenwürde, wie diese verletzt wird, aus der Würde-Rechtsprechung des BVerfG).

Klausur 15

Aufgabe

Bei der Präimplantationsdiagnostik (PID) wird dem außerhalb des Mutterleibs erzeugten Embryo um den 3. Tag herum eine Zelle entnommen, um das Erbgut zu durchleuchten. Dabei lassen sich Erbkrankheiten und Anomalien auf den Chromosomen nachweisen. Betroffene Embryonen werden verworfen.

1. Verstößt das Verfahren gegen die Menschenwürde?

2. Sollte PID verboten werden?

Lösung

Frage 1

Ein Eingriff in die Menschenwürde des Embryos könnte gegeben sein.

a) Dafür müsste es sich bei dem Embryo überhaupt um **Leben** handeln. Minimalanforderungen an Leben sind aus biologischer Sicht das Vorliegen eines offenen Systems mit Energie- und Materieaustausch mit der Umgebung, der Besitz informationstragender Strukturen und die Abgrenzung gegenüber der Umwelt durch selektiv-permeable Membranen. Viren und Phagen genügen diesen Minimalkriterien nicht, Embryonen schon. Es handelt sich also um Leben.

b) Fraglich ist, ab wann man von einem **eigenständigen *menschlichen* Leben** sprechen kann. Das ist umstritten.

→ Nach einer Ansicht beginnt dies mit der **Befruchtung** („Stunde Null"), also wenn Samen und Eizelle aufeinandertreffen. Dafür spricht, dass mit vollzogener Befruchtung bereits der genetische Code und damit der ganze Bauplan eines Menschen gegeben ist. Weitere bedeutsame Zäsuren finden nicht statt. Das ganze Potential ist bereits da (Potenzialitätsargument).

→ Nach einer zweiten Ansicht beginnt menschliches Leben 48 Stunden nach der Befruchtung, also ab der **Fertilisation**. Dann liegt das Genom am Ende der zweiten Reifeteilung fest und die Chromosomen der beiden Vorkerne bewegen sich aufeinander zu, um eine gemeinsame Metaphasenplatte zu bilden. Ab jetzt kann sich ein erwachsener Mensch selbständig entwickeln.

→ Die herrschende Ansicht stellt auf die Einnistung (**Nidation**) ab, die 7 Tage nach der Befruchtung stattfindet. Jetzt nimmt die zelluläre Außenschicht Kontakt mit der Gebärmutterschleimhaut auf. Ohne die Gebärmutter kann der Embryo nicht überleben, da nur dort alle notwendigen Nährstoffe zur Verfügung stehen. Begründet wird dieser Zeitpunkt mit der natürlich hohen Sterblichkeitsrate bis zur Nidation.

Die Unterscheidung wird relevant für die Frage, ob verworfene Embryonen bei der PID schon menschliches Leben sind. Zwar erfolgt bei der PID die Befruchtung künstlich im Reagenzglas (**in vitro-Fertilisation**; in vitro = im Labor). Jedoch ist der Embryo im Mutterleib entstanden und entwicklungsfähige Embryonen werden am 5. Tag wieder in die Gebärmutter verpflanzt. Allerdings werden „kranke" Embryonen verworfen.

„Verworfen" könnte „töten" heißen, wenn es sich bei ihnen um menschliches Leben handelt. Dies würden die Vertreter der ersten beiden Ansichten bejahen. Ihre Argumente:

→ **Potenzialitätsargument**, siehe oben.

→ **Kontigenzargument**: Die Entwicklung des Menschen erfolgt kontinuierlich. Die Geburt ist dabei nur ein Ereignis. Mit der Geburt ist die Entwicklung noch lange nicht abgeschlossen: Wenn die Entwicklung des Gehirns als Bedingung für das Personsein angehören wird, dann hat diese erst lange nach der Geburt den erforderlichen Zustand erreicht. Die Nennung von früheren Zeitpunkten ist biologisch nicht vertretbar. Auch die Zeitpunkte „Fertilisation" oder „Nidation" sind nicht geeignet zur Abgrenzung.

→ **Dammbruchargument**: Durch Zulassung der PID wird das Leben insgesamt in Frage gestellt. Denn später werde man dann Klonen, Sterbehilfe, Abtreibung und ähnliches erlauben.

Diese Argumente sind überzeugend. Das menschliche Leben beginnt also mit der Befruchtung, spätestens 8 Stunden danach im Vorkernstadium, wenn männliche und weibliche Zellkerne verschmelzen zu einem Individuum mit 46 Chromosomen.

Dieser frühe Zeitpunkt wird vor allem aus zwei Gründen von einer MM abgelehnt:
1. Der Embryo sei zu diesem Zeitpunkt auf die geeigneten Umgebungsbedingungen angewiesen. Er müsse erst einmal die Gebärmutter erreichen. Dagegen spricht, dass auch geborene Menschen die geeigneten Umgebungsbedingungen brauchen, um sich voll zu entfalten.
2. Der Embryo teilt sich am 1. Tag (Meiose). Beide Blastomere (A und B) sind gleich groß und haben das Potential, ein ganzer Mensch zu werden. Aus diesem Grund sprechen manche dem Embryo vorher seine Individualität ab. Zwar liegt noch keine Personalität vor (da es ja entweder A oder B wird), es sind aber alle Voraussetzungen für zumindest einen Menschen gegeben. Das muß reichen.
[Im Strafrecht genügt auch Alternativvorsatz für die Bejahung des subjektiven Tatbestandes.]

Also liegt auch menschliches Leben vor.

c) Die Entscheidung, wann Leben beginnt, bedeutet aber noch *keine Entscheidung*, wann der **Würdeschutz** einsetzt. Nach einer MM sind Lebensbeginn und Würdeschutz nicht akzessorisch (Theorie des abgestuften Würdeschutzes). Aber auch die hM, die Würde ab Lebensbeginn annimmt, akzeptiert zum Teil die Möglichkeit verfassungsrechtlich gerechtfertigter Eingriffe (Beispiel: Würde gegen Würde – ungeborenes Kind gefährdet das Leben der Mutter).

Pro PID: PID ermöglicht es Paaren, die Gendiagnostik aus dem Mutterleib in das Labor zu verlagern, und hilft so, traumatische Abtreibungen zu verhindern. Die Verwerfung eines Embryos im 8-Zellen-Stadium, der mit dem mütterlichen Gewebe noch nie in Kontakt getreten ist, kann nicht rechtswidrig sein, wenn ein Embryo mit schwerer Erkrankung noch spät abgetrieben werden kann (keine 12-Wochen-Frist bei der sog. sozial-medizinischen Indikation). Gegen dieses Argument spricht aber, dass die Sachverhalte verschieden sind. Einerseits geht es darum, ob die Frau ein Recht auf ein nichtbehindertes Kind hat, andererseits um die Legetimität eines rechtlich sanktionierten Zwangs gegenüber der Frau zum Gebären eines behinderten Kindes.

Contra PID: Die Gegner lehnen die Selektion im Labor ab, weil dabei viele menschliche Embryonen nur auf Probe gezeugt und vernichtet werden. Die PID beschwört die Gefahr einer neuen Eugenik herauf, einer umfassenden Qualitätskontrolle des werdenden Menschen („Designerbabys"). Die medizinische Indikation könnte erweitert werden. Wer ein behindertes Kind zur Welt bringt, muß sich rechtfertigen. (**Slippery-slop-Argument**: PID bringt auf eine abschüssige Bahn, auf der es kein ethisches Halten mehr gibt – mit Jonas ist dieser schlechten Prognose der guten Prognose Vorrang zu geben.) Die Durchführung einer PID bringt erhebliche körperliche und psychische Belastungen für die Frau mit sich. PID hat eine **Fehlerquote** von 3 – 5 %. Gegen PID spricht auch, dass sie nur solchen Paaren zur Verfügung steht, die Kinder in vitro zeugen (und nicht, wie normal, in vivo, wo es nur die Möglichkeit der Abtreibung unter schweren Voraussetzungen gibt – und nicht die Möglichkeit der Verwerfung eines Embryos).

Im Ergebnis ist also eine Würdeverletzung zu bejahen (a.A. vertretbar).

Frage 2

Nach BVerfG kommen Verbote nur in Betracht, wenn ein bestimmtes Verhalten in **besonderer Weise sozialschädlich** und für das geordnete Zusammenleben der Menschen unerträglich, seine Verhinderung also besonders dringlich ist.

Als Kriterien werden genannt:
→ Wertigkeit des betroffenen Rechtsgutes,
→ Ausmaß des drohenden Schadens,
→ Grad der Wahrscheinlichkeit des Schadenseintritts,
→ Zeit- und Problemdruck für den Gesetzgeber einerseits, die Schwere des Eingriffs, seine Nähe zu dem erwarteten Schaden andererseits.

Im konkreten Fall:
Die Wertigkeit des betroffenen Rechtsgutes ist hoch. Es geht um den **Schutz der menschlichen Fortpflanzung** in ihrer natürlichen Gestalt und damit um die Menschenwürde.
Auch das Ausmaß des drohenden Schadens ist groß: Realisiert sich die eugenische Versuchung der PID, ist die Achtung für das Austragen eines behinderten Kindes und dessen **Achtungsanspruch selbst bedroht**.

Jedoch kann das Strafrecht keine gesellschaftlichen Probleme lösen. In der Hoffnung auf eine gewisse sittenbildende Kraft kann und muß es wertorientierende Signale setzen. Jedoch kann es nicht durch äußeren Zwang und Verfolgungskampagnen die wertbezogene soziale Ordnung wieder herstellen, wo die gesellschaftliche Verständigung über Normen der Moral nicht mehr funktioniert.

Literatur:

→ Herzog: Präimplantationsdiagnostik – im Zweifel für ein Verbot?, in: ZRP (Zeitschrift für Rechtspolitik), 2001, 393ff. (Erläuterung der PID, PID im Kontext des § 218 StGB, das ethische Argument der abschüssigen Bahn = slippery slope)

→ Höfling: Zygote – Mensch – Person. Zum Status des frühen Embryos aus verfassungsrechtlicher Sicht, in: F.A.Z. vom 10. Juli 2001, Seite 8.

→ Fink: Der Schutz des menschlichen Lebens im Grundgesetz – zugleich ein Beitrag zum Verhältnis des Lebensrechts zur Menschenwürdegarantie, in: Jura 2000, 210ff. (dogmatischer Beitrag aus verfassungsrechtlicher Sicht, Darstellung der BVerfG-Rechtsprechung).

→ Herdegen: Die Menschenwürde im Fluß des bioethischen Diskurses, in: JZ 2001, 773ff. (auch über Theorien des gestufen Würdeschutzes; PID ab Seite 776).

→ Zenthöfer, Rechtsphilosophie, Seiten 97f. (Allgemeine Gendiagnostik), Seiten 99f. (zur Forschung an Stammzellen, Therapeutisches Klonen: Schiefe-Ebenen-Argument, Dammbruch-Argument, u.a.)

Klausur 16

Aufgabe

„Vom Zeitpunkt der Einnistung des Eies in der Gebärmutter besteht ein individuelles, in seiner genetischen Identität und damit seiner Einmaligkeit und Unverwechselbarkeit bereits feststehendes, nicht mehr teilbares Leben, das sich im Prozeß des Wachsens und Sich-Entfaltens nicht erst zum Menschen, sondern als Mensch entwickelt."

1. Erläutern Sie die im Zitat erkennbare Ansicht des BVerfG zur Abtreibung. Nehmen Sie dabei Bezug auf die Rechtslage in der Bundesrepublik!

2. Wie kann der Schutz des Ungeborenen begründet werden?

Lösung

Frage 1

Das BVerfG stellt die Würde des Ungeborenen über das Persönlichkeitsrecht der Frau. Zwar ist im Zitat nur von Leben und nicht von Würde die Rede. Jedoch ergibt sich aus der Beschreibung dieses Lebens als „individuell", „einmalig" und „unverwechselbar" der **Würdecharakter**. Zudem bezeichnet das Gericht den Embryo als „Menschen". Einem Menschen kommt Würde aber automatisch zu. Mit der Würde geht nach Ansicht des BVerfG auch ein unbedingter Würdeschutz einher. Folglich genießt der Embryo nicht nur den **Lebensschutz** aus Art. 2 II GG, sondern auch den Würdeschutz aus Art. 1 I GG.

Gegen das Lebensrecht des Kindes ist nach Auffassung des BVerfG nur dann zu entscheiden, wenn das Austragen des Kindes ein solches Maß an Aufopferung verlangen würde, dass es von der Frau nicht erwartet werden kann (medizinische Indikation und ethische Indikation [Vergewaltigung]).

Jedoch ist in Deutschland die Abtreibung bis zur 12. Woche straffrei. Das BVerfG rechtfertigt dies damit, dass der Staat
- **präventiven Schutz** in Form von materiellen Hilfeleistungen ermöglicht und
- **repressiven strafrechtlichen Schutz** dem Ungeborenen gewährt.

Wie weit der repressive Schutz des Strafrechts eingesetzt werden müsse, sei in das Ermessen des Gesetzgebers gestellt. Jedoch seien nach unten hin

Grenzen durch das Recht des Ungeborenen auf Achtung seiner Menschenwürde gesetzt (**Untermaßverbot**). Die Einführung der verpflichtenden Beratung sei ein Element, diesem Untermaßverbot Rechnung zu tragen.

Die Abtreibung bis zur 12. Woche ist zwar straffrei, aber **rechtswidrig**. Dies bedeutet, dass es keinen „Abbruch auf Krankenschein", also keine Leistungen aus der gesetzlichen Krankenversicherung für eine Abtreibung gibt. Würde man dies zulassen, wäre nach Ansicht des BVerfG „unvermeidlich der Eindruck erweckt, der Schwangerschaftsabbruch würde von der Rechtsordnung am Ende doch gutgeheißen".

Frage 2

Wenn die Würde darin gründet, dass jemand Mensch ist, dann wird auch ein leibliches Dasein gefordert. Ist aber das leibliche Leben des Menschen nur insoweit geschützt, als der Mensch die praktische Zuschreibung einer Person verdient?

In diesem Fall würde man dem Menschen Personalität nur dann zuschreiben, wenn er bestimmte Eigenschaften hat, zum Beispiel Selbstbewußtsein, Selbstverfügung und Zukunftsbezug.

Macht man eine **Unterscheidung zwischen Natur und Person**, so muß man ggf. auch in bezug auf den Schutz des menschlichen Lebens differenzieren.

a) Für **Aristoteles** besteht eine Einheit von menschlichem Handlungssubjekt und Lebewesen. Das Leben ist Selbstorganisation und Selbsttätigkeit „aus einer Mitte heraus". Seele und Leib bilden zusammen das Lebewesen als eine in Raum und Zeit sich durchhaltende Entität. Deshalb beginnt für Aristoteles das Leben eines Lebewesens erst mit der Beseelung, das heißt, mit der Selbsttätigkeit.

b) Dies vertrat auch die **Stoa**. Das eigentliche Leben beginne erst mit der Geburt. Erst dann werde die Seele dem Kind „von außen eingedrückt".

c) Auch für **Thomas von Aquin** bilden Seele und Leben eine Einheit. Die Seele werde unmittelbar von Gott geschaffen und in den von den Eltern gezeugten Leib eingesenkt: Am 40. Tag bei männlichen, am 80. Tag bei weiblichen

Embryonen. Zwar habe der Embryo bereits „Leben", bevor er beseelt ist, doch die volle Dignität – die das Vernunftwesen Mensch auszeichnet – komme ihm erst dann zu. Damit wendet sich Thomas gegen mittelalterliche Vorstellungen, nach denen die Seele im Zeugungsakt der Eltern entsteht oder im Samen des Mannes übertragen wird.

d) Personsein und Menschsein trennt **Locke**. „Person" sei nur, wer ein Bewußtsein seiner selbst habe. Für Menschen ohne Selbstbewußtsein (unmündige, nicht zurechnungsfähige Personen) greift Locke auf den Begriff der „Art" zurück. Geistig Schwerbehinderte, die nicht zum Gebrauch der Vernunft fähig sind, gehörten einer Zwischenart an, die zu schützen sei, weil sie sich im Eigentum ihres Schöpfers befindet. Die hier von Locke vorgenommene schöpfungstheologische Argumentation ist voraufklärerisch.

e) Auch **Kant** trennt Mensch von Person. Dabei sei „Person" die Voraussetzung für „Mensch" und komme nicht erst dem moralisch Handelnden, sondern bereits dem der Moral fähigen Menschen zu. Respekt kommt daher schon einer Person zu, sofern sie die „Anlage zum Guten" besitzt. Deshalb hat die Achtung nach der 3. Version des „Kategorischen Imperatives" auch der Menschheit als Gattung zu gelten.

f) Der moderne Bioethiker **Engelhardt** knüpft an Kant an und unterscheidet zwischen *biologischem* menschlichen Leben und *personalem* menschlichen Leben (ab Geburt). Das Leben von Personen sei unbedingt geschützt, denn sein Schutz falle unter die Unantastbarkeit der Würde, die der Person zukommt, weil sie einen Zweck an sich selbst darstellt.

Wie aber sind diejenigen menschlichen Wesen zu schützen, die die aktuellen Eigenschaften des Selbstbewußtseins und der Selbstverfügung nicht besitzen, denen aber biologisches menschliches Leben zukommt? Diese sind "Personen im sozialen Sinne" und genauso zu behandeln, als wenn sie "Personen im strengen Sinne" wären.

Grund ist eine **utilitaristische Überlegung**: Die Personen wollen die Tugenden und Werte des Familienlebens und der Sorge für die Schwächeren aufrecht erhalten und das Fortleben und Überleben der Schwachen sichern.
De facto zieht dies keinen geringeren Lebensschutz nach sich; de iure besteht aber von Seiten der Betroffenen ein Recht auf Schutz nur, sofern er ihnen von den Personen verliehen wird.

g) Nach **Peter Singer** wird nur das Leben einer Person geschützt. Person ist, wer eine Präferenz von Interessen entwickeln kann. Embryonen oder irreversibel Komatöse seien keine Personen, weil sie diese Eigenschaften nicht besitzen.
Umgekehrt gebe es bestimmte Affenspezies, die diese Eigenschaften besitzen. Embryonen sind daher nicht mehr oder weniger zu respektieren als andere ähnlich empfindungsfähige Wesen. Singer ist "**Präferenzutilitarist**". Problematisch ist, dass nach dieser Theorie auch Schlafende oder vorübergehende Bewußtlose nicht geschützt sind.

h) Eigene Stellungnahme: Würde bedeutet Respekt der anderen. Für Respekt ist allein ein leibhaftiges Individuum notwendig. Der Personenbegriff, der die zu respektierende Würde von nachzuweisenden Eigenschaften abhängig macht, ist abzulehnen. Damit würde Würde nur von anderen *verliehen*. Entscheidend kann aber nur die Anerkennung der Würde sein. Diese Anerkennung darf an kein anderes Kriterium gebunden sein als an das, was vom anderen ansichtig wird, nämlich Mensch im Sinn eines leibhaftigen Individuums zu sein.

→ **Zuschreibungsgrund** der Würde ist das Vermögen, dass sich der andere selbstgewählte Zwecke setzen kann.
→ **Zuschreibungskriterium** ist das Menschsein, d.h. die Existenz eines leibhaftigen Individuums.

(Eine andere Ansicht ist vertretbar.)

Literatur:

→ StGB-Kommentare zu § 218.

→ Zenthöfer, Rechtsphilosophie, Seite 77 (Schutz der Menschenwürde für das Ungeborene in der Rechtsprechung des BVerfG).

Klausur 17

Aufgabe

„Einige Kritiker nennen die Menschenrechte abschätzig die Zivilreligion der Moderne. Andere fürchten von ihrer Ausbreitung eine subtile Form von Imperialismus, einen Rechtskulturimperialismus, der anderen ihnen fremde Werte aufzwingt. Tatsächlich gehören die Menschenrechte zu jener universalistischen Moral, näherhin der Rechtsmoral, die vom Westen und seiner Neuzeit nicht entdeckt, wohl aber in größerer Radikalität gedacht wird." (Höffe)

Gelten Menschenrechte universal oder ist ihre Geltung kulturabhängig?

Lösung

Eine Spannung zwischen kultureller Partikularität und dem Gedanken einer **Universalität der Menschenrechte** existiert heutzutage bei interkulturellen Diskursen. Während man aus europäischer Sicht eher dazu neigt, diese Rechte allen Menschen zuzusprechen, greifen andere dies als „Kulturimperialismus" an. So hat sich in Teilen Asiens der Ausdruck „asien values" eingebürgert, der deutlich machen soll, dass es eigene asiatische Werte gibt – in Abgrenzung auch zu „europäischen Werten". Darin klingt der Vorwurf mit, dass die Idee von universalen Menschenrechten eine „europäische" ist.

a) Argumente gegen die Universalität

aa) Gegen die Universalität von Menschenrechten könnte in der Tat sprechen, dass diese eine **europäische Idee** sind. Sie basieren auf einem individualistischen Menschenbild. Dieses Menschenbild – durch Christentum und Aufklärung geprägt – könnte in anderen Kulturen der Welt befremdlich wirken. So argumentiert die chinesische Führung, dass in ihrem Land ein kollektivistisches Menschenbild herrsche. Deshalb seien individuelle Rechte nicht zu ihrer Kultur passend.

bb) Auch berufen sich Staaten wie China auf das Recht der Nichteinmischung. Das Abendland sei nicht befugt, mittels der Idee von Menschenrechten fremde Kulturen zu beeinflussen. Außerdem drohe die Gefahr, dass diese Rechte wie **in einem Paket exportiert** werden, also nicht allein, sondern eng verbunden mit anderen Elementen westlicher Kultur, namentlich ihrer Technik, ihrer Ökonomie und ihrer dominierenden Sprache.

cc) Bedenken ist zudem, dass sich auch das Christentum zur Anerkennung der Menschenrechte Zeit nahm. Im Mittelalter wurde die Folter von der „**heiligen Inquisition**" ausdrücklich gebilligt. Und bis zur Neuzeit waren Staat und Kirche vermischt. Diese Einheit von Thron und Altar wirkte aber freiheitshemmend. Andererseits entschuldigt die späte Entwicklung im Christentum nicht eine ähnlich schleppend verlaufende Entwicklung im Islam. Auch lässt sich anführen, dass die Europäer die Erfahrungen des Mittelalters stellvertretend für die ganze Menschheit gemacht haben.

dd) Selbst wenn man die Universalität der Menschenrechte bejaht, muß es schwer fallen, diese in anderen Kulturkreisen einzufordern. Schließlich waren es Europäer, die durch ihre **koloniale Expansion** u.a. den islamischen Raum politisch, wirtschaftlich und vor allem im kulturellen Selbstbewußtsein verletzt hat. Mit der Kolonialisierung waren Imperialismus und Sklaverei verbunden. Schon einmal wollte Europa diesen Staat sein System aufzwängen – mit welchem Recht darf es das diesmal tun?

ee) Bestritten wird also zum einen, dass es universale normative Grundlagen der Erkenntnis von Menschenrechten gibt. Zum anderen heißt es, es gebe **keine feststehende menschliche Natur**. Diese sei vielmehr ein Produkt der Geschichte und ihrer sozialen Verhältnisse. Deshalb könne es keine Rechte geben, die zu aller Zeit und bei allen Völkern gelten. Dies zeige der Westen selbst: Sein Pluralismus erlaube die unterschiedlichsten Ansichten und bekennt sich zu keiner. Wenn er sich zu keiner bekennt, scheint es auch keine objektive Ansicht zu geben.

b) Argumente für die Universalität

aa) Der Westen bekennt sich zwar zum Pluralismus, aber gerade das ist der Kern seiner Menschenrechtsidee. Die Freiheit des Menschen werde gerade dann gesichert, wenn der Staat statt Moralität nur Legalität verlange. Der **Pluralismus** hat also einen humanen Wert.

bb) Universalität darf nicht als Uniformität verstanden werden. Universale Rechtsgrundsätze dürfen nicht gleichgesetzt werden mit dem Einebnen sozialer und kultureller Unterschiede. Die Gefahr eines „Kulturimperialismus" droht nicht von seiten universaler Rechtsgrundsätze, sondern vom „Export" von fremder Kultur, Verhaltensmustern und Konsumgewohnheiten.

cc) Der Hinweis auf ein angebliches kollektivistisches Menschenbild seitens der Führung in China **missbraucht das Relativitätsargument**. Ziel des Regimes ist es, sich keine unangenehmen Fragen über die Folterkeller und Todeskerker anhören zu müssen. Fragt man die Menschen in China, plädieren diese ohne Zweifel für Menschenrechte. Etwas anderes lässt sich auch aus ihrer Kultur nicht ableiten. Die Führung interpretiert also ihr eigenes Kulturverständnis, das sie den Menschen zuvor oktroyiert hat. Kulturimperialismus wird also nicht von Seiten des Westens, sondern von seiten der Herrscher betrieben.

dd) Aus der Existenz von Menschenrechten in vielen Teilen der Welt (Europa, Amerika, Australien, Japan, Indien etc.) kann nicht geschlossen werden, dass es auch Menschenrechte geben soll. Dies wäre ein unzulässiger Schluß vom Sein aufs Sollen. Was sich daraus aber ableiten lässt, ist zumindest die Erkenntnis, dass sich die Idee der Menschenrechte immer weiter verbreitet hat und angenommen wurde.

Auch Staaten wie China haben **internationale Abkommen** wie die UN-Charta oder den Pakt über bürgerliche Rechte unterschrieben. Selbst in der chinesischen Verfassung sind Grundrechte verankert – Art. 87 nennt z.B. die Freiheit der Prozession und Demonstration. Daraus folgt, dass Menschenrechte doch einen universalen Charakter haben. Dass sich die Machthaber nicht daran halten – sondern mit Panzern die Aufstände niederschlagen –, bedeutet „nur" ein Umsetzungsdefizit.

ee) Als Lebewesen braucht der Mensch nicht nur die Integrität von Leib und Leben. Zum Leben gehören **Wissentlichkeit** und **Willentlichkeit** hinzu. Dafür bedarf es der Möglichkeit, zu denken und mit anderen zu sprechen. Freiheitsrechte wie die Meinungs- und Wissenschaftsfreiheit sind also unabdingbar zum Leben des Menschen. Allerdings ist auch hier die Frage, ob man vom Sein – weil der Mensch so ist – auch auf das Sollen – deshalb gebühren ihm diese Rechte – schließen darf.

Aus dem gleichen Grund ist es schwierig, mit der Gleichheit menschlicher Verletzlichkeit oder einem „geteilten humane Gattungscharakter" zu argumentieren.

ff) Deshalb bleibt wohl nur der Hinweis, dass sich die Menschen überall auf der Welt und insbesondere auch die Opfer staatlicher Gewalt, garantierte Rechte wünschen. Wenn man nicht vom Sein – wie es in Europa ist – auf das Sollen –

wie es in China sein soll – schließen darf, dann darf aber vom Wunsch der Chinesischen und fast aller anderen Menschen auf der Welt auf ein „Sollen" schließen. Dass es die Unterworfenen sind, die die Geltung von Recht bestimmen sollen, ist eine Erkenntnis der **Aufklärung**. Die Aufklärung war dabei keine rein europäische Idee. Sie ist so radikal und weltumspannend, dass sie universalen Charakter beanspruchen kann. Staatstheoretisch durchdacht wurde sie zwar durch die Vertragstheoretiker Hobbes, Locke, Pufendorf, Rousseau und Kant. Staatspraktisch durchgesetzt hat sie sich aber auch in vielen Staaten Asiens, wie die Mongolei, Thailand, Japan und Südkorea zeigen.

<u>Literatur:</u>

→ Höffe: Vernunft und Recht – Bausteine zu einem interkulturellen Rechtsdiskurs (Erster Teil – Kapitel 3: Menschenrechte), Seiten 49ff. (zu den hier aufgeworfenen Fragen, allerdings aus Sicht eine Philosophen – also langatmig – geschrieben).

→ Zenthöfer, Rechtsphilosophie, Seiten 82f. (Aufklärung: Wirkungen und Nebenwirkungen; Definition der Aufklärung von Kant).

Klausur 18

Aufgabe

Hugo Grotius schreibt in seiner Abhandlung „Vom Recht des Krieges und des Friedens“ von 1625 im 25. und letzten Kapitel:

„Endlich kann man sich in der ganzen Kriegsführung keine Gewissensruhe und kein Gottvertrauen erhalten, wenn man nicht immer den Frieden im Auge behält. Denn Sallust sagt ganz richtig: „Die Weisen führen den Krieg um des Friedens willen“, und damit stimmt der Ausspruch des Augustinus überein: „Man strebt nicht nach dem Frieden, um Krieg zu führen, sondern man führt Krieg, um den Frieden zu gewinnen.“ Selbst Aristoteles tadelt wiederholt die Völker, welche sich die kriegerische Tätigkeit als letztes Lebensziel setzen. Eine tierisch wilde Kraft ist es, die im Kriege am meisten hervortritt; um so mehr ist sie durch Menschlichkeit zu mildern, damit wir über der Nachahmung der Tiere nicht verlernen, Mensch zu sein.“

Auch heutzutage stellt sich die Frage, ob man durch Krieg die Einhaltung der Menschenrechte durchsetzen darf. Nehmen Sie dazu rechtsphilosophisch Stellung!

Lösung

Krieg ist ein Kampf mit Waffen, der geführt wird zu dem Zweck, dem Gegner den Willen des eigenen Gemeinwesens, der eigenen Klasse oder der eigenen Partei aufzuzwingen.

a) Aufgrund der schlimmen Erfahrungen mit dem Krieg wurden zahlreiche Abkommen gegen den Krieg geschlossen.

So bestimmte der **Völkerbund** 1919 ein partielles Kriegsverbot. Vor einem Krieg müssten die Staaten zunächst eine friedliche Lösung suchen und einen Schiedsspruch des Völkerbundes abwarten. Andere Kriege seien ein Verstoß gegen das Völkerrecht. Im Briand-Kellogg-Pakt von 1928 erklärten 63 Staaten den Verzicht auf Krieg zur Konfliktbeilegung. Nach dem 2. Weltkrieg wurden die Vereinten Nationen gegründet, die in Art. 2 der **UN-Charta** ein Kriegsverbot statuierten. Nach überwiegender Ansicht gehört das Prinzip des Gewaltverbotes dem allgemeinen Völkerrecht an und gilt daher auch unabhängig der UN-Satzung. Dabei ist das Recht auf Selbstverteidigung allerdings keine Ausnahme, sondern eine Bestätigung des Gewaltverbotes.

Das Kriegsrecht wurde durch die Haager Landkriegsordnung von 1907 und die Genfer Konvention von 1949 festgelegt. Diese Regeln gelten über Art. 25 GG auch im deutschen Recht.

b) Trotz der generellen Ablehnung des Krieges stellt sich immer wieder die Frage, ob ein Krieg zu bestimmten Zwecken nicht doch unvermeidlich ist als letztes Mittel der Politik. Dies ist die Frage des „gerechten Krieges".

Als Begründer der Lehre vom „gerechten Krieg" gilt **Augustinus**. Er favorisierte einen Kirchenstaat und wollte diesen auch mit Gewalt durchsetzen. Ziel sei es, eine göttliche Weltordnung herzustellen. Der Krieg sei gerecht, weil er aus gerechtem Grund und mit rechter Absicht erfolge.

Thomas von Aquin befürwortet den Krieg, wenn drei Voraussetzungen vorliegen: Er müsse für eine gerechte Sache, von einer befugten Autorität und mit einem Ziel geführt werden. Kriegsziel dürfe dabei nur die Durchsetzung der eigenen Ansicht sein, nicht aber eine schrankenlose Schädigung oder gar die Vernichtung des Gegners.

Erstmals für **Hobbes** ist der Krieg der **natürliche** Zustand des Menschen („bellum omnium contra omnes"). Im Naturzustand sei der Mensch des Menschen Wolf. Vor Hobbes galt einhellig der Frieden als natürlicher Zustand. Sein negatives Menschenbild führte Hobbes zu einem absoluten Staat, der den Frieden schaffen und erhalten sollte. Diese Vorschläge lassen sich vor allem daraus erklären, dass Hobbes den englischen Bürgerkrieg miterlebt hat.

c) Dagegen ist Holland im 17. Jahrhundert der tatsächliche Nährboden für den Friedensgedanken in der Naturrechtslehre von **Grotius**. Seine Friedenspredigt, gegründet auf die normative Kraft des Dekalogs und die Verheißungen der Bergpredigt, verstummt angesichts der Kriegswirklichkeit, die Grotius erlebt und mißbilligt: „Ich sah in den christlichen Ländern eine entartete Kriegsführung, deren sich selbst rohe Völker geschämt hätten"; er anerkannt sie aber als Realität und begreift sie als **rechtlich normierte Mittel zum Frieden**.

Grotius – Begründer des modernen Völkerrechts – plädiert dafür, Krieg wie Frieden juristisch zu **kodifizieren** und damit zu **säkularisieren**. Das Ziel „Frieden" verliert Grotius nicht aus den Augen, die „Hoffnung auf Frieden" soll nicht verschwinden; das Völkerrecht legt den Grund dazu, dass im Kriege selbst der Krieg als ein Vorübergehensollendes bestimmt ist.

Grotius will den Frieden direkt organisieren durch die Institutionalisierung eines **Schiedsgerichtes** christlicher Staaten. Die beiden Antipoden des Mittelalters, den Kaiser mit seiner Universalmonarchie und den Papst als Oberhaupt des Res Publica Christiana, lehnt er als Garanten des Weltfriedens ab. Grotius will den Frieden durch die rechtliche Organisation des Krieges sichern: Staaten sollen als Richter und Exekutivorgan der Völkerrechtsgemeinschaft tätig werden.

Für Grotius gewinnt der Friede also dadurch, indem der Krieg unter die Normen des Rechts gezwungen wird. Die Basis dieses Rechts – das selbst dann nicht schweigt, wenn die Waffen sprechen –, ist **das der menschlichen Vernunft entspringende Naturrecht**. Das Naturrecht beuge sich allein der Autorität menschlicher Vernunft und sei so verbindlich, dass selbst Gott es nicht verändern kann.

Grotius unterscheidet zwei Arten von Kriegen, die sich aus verschiedenen Rechtsquellen mit unterschiedlichem Geltungsbereich herleiten:

Arten des Krieges

Verteidigungskrieg	**Angriffskrieg**
Diesen Krieg gegen einen rechtswidrigen Angriff führt ein Staat nach naturrechtlich fundierten, damit für alle Menschen geltenden Notwehrgrundsätzen. Dieses naturrechtlich begründete Recht nimmt für sich die ganze Autorität der Vernunft in Anspruch und ist damit absolut unveränderlich.	Diesen Krieg führt ein Staat als Organ der über allen Staaten stehenden Rechtsordnung des Völkerrechts als Richter. Dieser Krieg ist als Rechtsinstrument des ius gentium wie dieses eingebunden in menschliches Gewohnheitsrecht und erhält seine verbindliche Gewalt durch den Willen aller oder vieler Völker. Der Angriffskrieg ist ein Instrument willkürlichen Rechts, damit veränderlich, relativ und keineswegs notwendig.
Alle anderen Arten von Krieg sind „ungerecht“.	

Kern der Lehre vom gerechten Krieg ist die Annahme der Existenz einer überstaatlichen Autorität. Daraus folgt, soll diese sich nicht kraftlos in moralischen Sollensforderungen erschöpfen, das **Interventionsrecht**. Danach können im Namen dieser Autorität jene mit Krieg überzogen werden, die gegen die Natur sündigen. Zwar sei ein Mißbrauch dieses Interventionsrechts möglich. Doch hört ein Recht – so Grotius – nicht deshalb auf, Recht zu sein, weil es von Schlechten mißbraucht wird.

Herder wird Grotius´ grundlegenden Gedanken – gerechten Krieg als Mittel zum Frieden – später würdigen: „Aus den Quellen der Natur sind dieses Rechtes Lehren ... Da fielen der Vernunft die schweren Fesseln ab."

d) Kant hält es anfangs für abwegig, Kriege als eine teuflische Erfindung anzusehen. Denn das vermeintlich Böse habe letztlich nur Gutes geschaffen, es habe das Beste hervorgebracht, worüber der Mensch verfügt – nämlich seine Freiheit. Für Kant ist es nur durch die Gewalt der Kriege möglich gewesen, den Herrschenden die Anerkennung der Freiheit und damit die Achtung für die Menschheit abzunötigen.

Paradoxerweise weist Kant auf China hin, das bis heute die Freiheit seiner Menschen nicht anerkennt (dazu bereits die Klausur zur Universalität des Rechts): „Man sehe nur China an, welches seiner Lage nach wohl etwa einmal einen unvorhergesehenen Überfall, aber keinen mächtigen Feind zu fürchten hat, und in welchem daher alle Spur von Freiheit vertilgt ist."

Für Kant ist es die Natur, die den Menschen in immer wieder neue Kriege verwickelt hat, um ihm die Chance zu geben, der zu werden, der er heute ist: „Der Mensch will Eintracht; aber die Natur weiß es besser, was für seine Gattung gut ist: sie will Zwietracht."

Nach der Französischen Revolution tritt für Kant ein menschheitsgeschichtlicher Zustand ein, in dem sich die kulturelle Dynamik des Krieges verliert und in „Verwüstungen, Umkippungen und innere Erschöpfung" übergeht. In seinem Traktat „**Zum ewigen Frieden**" entwirft er sechs Präliminarartikel, darunter die Forderung, dass es keinen Friedensschluß mit dem geheimen Vorbehalt des Stoffs zu einem künftigen Kriege geben dürfe. Er fordert auch die allmähliche **Abschaffung der stehenden Heere**. Eine gewaltsame Einmischung in die Verfassung und Regierung eines anderen Staates dürfe es nicht geben. Damit lehnt Kant das Interventionsrecht ab.

Hauptforderung von Kant ist aber, dass die bürgerliche Verfassung in jedem Staat **republikanisch** ist. Nur in einer solchen Verfassung sei die Zustimmung der Staatsbürger zum Krieg erforderlich. Zudem muß ein **Völkerbund** entstehen, der alle Kriege auf immer zu endigen sucht. Schließlich proklamiert Kant im Blick auf die von ihm scharf verurteilten Praktiken der Kolonialherren ein **Weltbürgerrecht**, das jedoch eingeschränkt bleibt auf Bedingungen der allgemeinen Hospitalität.

e) Gegen die Kantische Vorstellung eines ewigen Friedens durch einen Staatenbund wendet **Hegel** ein: „Es gibt keinen kleinen Prätor, höchstens Schiedsrichter und Vermittler zwischen Staaten. Der Streit der Staaten kann deswegen nur durch Krieg entschieden werden." Der Krieg aller gegen alle kenne kein Recht oder Unrecht. Hegel sagt – auch gegen Grotius –: „Die Begriffe von Recht und Unrecht, Gerechtigkeit und Ungerechtigkeit haben hier keinen Platz."

f) Heutzutage wird der „gerechte Krieg" erneut diskutiert. **Walzer** plädiert dafür, dass es Interventionen geben kann, wenn es Massaker und ähnliches gibt. Aber nicht jede Menschenrechtsverletzung sei Grund für eine Intervention. Jedoch hindere es eine Intervention nicht, wenn der intervenierende Staat auch wirtschaftliche Interessen – z.B. Öl im Irak – habe. Denn alle menschlichen Taten hätten mehr als ein Motiv.

<u>Literatur:</u>

→ Kant: Zum ewigen Frieden (kleine kurze Schrift, die man schön lesen kann. Hier lohnt es sich wirklich).

→ Zenthöfer, Rechtsphilosophie, Seiten 79f. (Staat, Naturzustand, Seite 88: Friedensfunktion und andere Funktionen des modernen Staates).

Klausur 19

Aufgabe

Der Philosoph Hans Jonas hat 1979 in seinem Buch „Das Prinzip Verantwortung“ einen „Kategorischen Imperativ der Verantwortung“ entwickelt: *„Handle so, dass die Wirkungen deiner Handlung verträglich sind mit der Permanenz echten menschlichen Lebens auf Erden.“* Eine andere Version lautet: *„Gefährde nicht die Bedingungen für den indefiniten Fortbestand der Menschheit auf Erden.“*

1. Erläutern Sie die Ansicht des Verfassers! Was unterscheidet seinen Imperativ von Kants kategorischem Imperativ?

2. Als „dritte Generation von Grundrechten“ wird u.a. die Forderung nach gesunder Luft bezeichnet. Dies impliziert, dass die Erhaltung der Schöpfung dazu dient, dem Menschen zu nutzen. Erläutern Sie diese und andere ethische Positionen, die den Schutz der Umwelt gebieten!

3. Was bedeuten diese Überlegungen zum Verhältnis des Menschen zum Tier?

Lösung

Frage 1

a) Jonas kritisiert, dass die traditionelle Ethik der „Machtergreifung der Technik“ nichts entgegenzusetzen hat. Traditionelle Ethik sei auf den Nahbereich des menschlichen und politischen Miteinanders beschränkt. Mit Begriffen wie „gutes Leben“ oder „Tugendhaftigkeit“ sei den **Fernwirkungen** der Hochtechnologie nicht Herr zu werden.

Jonas dachte dabei vor allem an die Anwendungen genetischer und anderer biologischer Grundlagenforschungen, die erstmals gezielte Eingriffe in das menschliche Erbgut als möglich erscheinen lassen. Diese Technik vermöge nicht nur, die Konstitution des Menschen zum Objekt zu machen, sondern den **Fortbestand der Menschheit schlechthin in Frage zu stellen**.

Seine neue Ethik ist begründet im Nachweis von objektiven Zwecken der Natur. Dies allein reiche aber nicht aus. Hinzukomme die intuitive Gewißheit einer Überlegenheit der „Fähigkeit, überhaupt Zwecke zu haben“ als ein Gut an sich – gegenüber der Annahme möglicher Zwecklosigkeit des Seins.

Daraus leitet Jonas das „Sollen“ seines Imperatives ab. Gleichzeitig verwirft er damit religiöse Letztbegründungen. Auch subjektive Vorstellungen lehnt er ab. Für ihn sind die genannten Zwecke der Natur *objektiv*. Das ist die Basis seiner Ethik: Die Zukunft der Menschheit steht auf dem Spiel. Der Vorrang des Seins des Menschen gegenüber dem Nicht-Sein folge aus der **absoluten Verpflichtung zur zukünftigen Ermöglichung von Zwecken** (Werten) überhaupt. Daraus leitet sich sein „kategorischer Imperativ“ ab.

Als Konsequenz dieses Imperativs muß – wegen der Unsicherheit unseres Wissens über zukünftige Wirkungen –, der „**Unheilsprognose**“ vor Heilserwartungen der Vorrang gegeben werden. Entgegen aller bisherigen Ethik soll – für Kollektive – nicht mehr ein „summum bonum“ gelten, sondern, viel bescheidener, nur noch ein Prinzip der Schadensverhinderung. Jonas nennt dies „**Heuristik der Furcht**“.

b) Kants kategorischer Imperativ lautet in seiner ersten Version: „Handle nur nach derjenigen Maxime, durch die du zugleich wollen kannst, dass sie ein allgemeines Gesetz werde.“ Dieser Imperativ wird von Jonas nicht außer Kraft gesetzt. Jedoch reicht er nicht mehr aus. Kants Imperativ war vor allem auf logische Widerspruchsfreiheit angelegt worden. Dies wird durch den neuen Imperativ auf einer zeitlichen Achse **in die Zukunft** hinein verlängert.

Auf diese Weise verlagert sich der Akzent von der Vereinbarkeit der Handlungen im Jetzt und Heute auf die Akzeptierbarkeit der Handlungsfolgen im Später und Morgen.

Zudem gilt Kants Imperativ als Paradigma einer extremen Gesinnungsethik: nur der gute Wille als solcher fällt ins Gewicht, auch wenn er aus Unvernunft vielleicht das Falsche bewirkt. Dagegen ist Jonas Imperativ ein Paradigma der **Verantwortungsethik**. Es komme auf die Folgen, nicht (nur) auf die Motive des Handelns an.

<u>Frage 2</u>

Es gibt verschiedene Ausrichtungen der Umweltethik:

→ **Anthropozentrisch**: Die Erhaltung der Natur dient allein den – u.a. wirtschaftlichen – Interessen der Menschen. Diese Ausrichtung der Umweltethik leitet sich ab aus dem Bibelzitat „Macht euch die Erde Untertan“.

→ **Pathozentristisch**: Sinn des Schutzes der Umwelt ist die Steigerung des Wohls und die Schmerzvermeidung bei Mensch und Tier. Tiere sind genauso schmerz- und leidensfähig wie der Mensch. Deshalb sei Nutztierhaltung erlaubt, Tierversuche aber verboten. Grundlage dieser Ethik ist der Utilitarismus, der das größte Glück der größten Zahl anstrebt.

→ **Biozentristisch**: Schutzzweck ist der Erhalt des Lebens um seiner selbst willen. Die Sorge um das Leben und die Ehrfurcht vor der Natur gebieten gewisse Pflichten. Geschützt werden müsse alles Leben. Leben ist das, was Lebensdrang hat – also auch Tiere. Zwischen menschlichem und tierischem Leben darf es keine Abstufungen geben. Grundlage dieser Ethik ist Schweitzers Theorie der Ehrfurcht vor dem Leben. Auch Jonas und der christliche Verantwortungsethiker Spaemann gehören hierhin.

→ **Holistisch**: Nach dieser Position soll die Natur als Gesamtheit erhalten werden. Auch das Unbelebte wird als Wert an sich gesehen – und nicht als Ressource. Menschen könnten nur in einem unzerstörten Naturganzen existieren. Vertreten wird diese extreme Haltung von Meyer-Abich.

Frage 3

In der modernen Welt benutzt der Mensch das Tier als Ware. Die Interessen der Verbraucher nach billigen Produkten (wie Fleisch) fördern unwürdige Massentierhaltungen, zum Beispiel Legehennenbatterien. Am Wohlbefinden der Tiere ist der Mensch nicht interessiert – ausgenommen die eigene Hauskatze.

> Die Begründer der sozialen Marktwirtschaft sahen das noch ganz anders. Röpke beklagt in seinem Buch „Jenseits von Angebot und Nachfrage", dass „wir ohne Achtung vor Baum und Kreatur sie wie Maschine und Stoff behandeln". Rüstow forderte, nicht „gegen die Kreisläufe der Natur", sondern „in und mit diesen zu leben".

Heute unterhalten die meisten Menschen eine materialistisch-ökonomische Beziehung zur Tier- und Pflanzenwelt. Ein Nutztier wird als ein auf biochemischen Reaktionen beruhender physiologischer Komplex wahrgenommen. Dieses Geisteshaltung drückt sich im Begriff „Tierproduktion" aus. Dabei wissen wir heute, dass Tiere Streß, Angst und Schmerz empfinden. Daraus kann man eine Art von **Freiheit** ableiten, die eine Art von **Würde** impliziert. Das Tier darf deshalb nicht nur als Ressource für Fleisch, Leder, Milch usw. gesehen werden.

Der Eigenwert des Tieres verlangt, sie wenigstens bis zum Zeitpunkt der Schlachtung **artgerecht** zu halten. Dieses Gleichgewicht zwischen Leben des Tieres und Nutzung durch den Menschen ist in der gegenwärtigen Massentierhaltung verlorengegangen.

Problematisch ist, dass der Mensch so seinen **Respekt** vor der Schöpfung **verloren** hat. Er ist aber selber ein Teil dieser Schöpfung. Eines Tages könnte er deshalb den Respekt *vor* und *für sich* selbst verlieren.

Literatur:

→ Braun: "Hans Jonas, Das Prinzip Verantwortung", in: Rechtsphilosophie im 20. Jahrhundert – der Rückkehr der Gerechtigkeit, Seiten 265ff., insbesondere Seiten 273ff. zum Imperativ.

→ Zenthöfer, Rechtsphilosophie, Seite 101 (Verhältnis des Menschen zum Tier – Ausführungen wie hier, aber noch Hinweis auf § 1 Tierschutzgesetz).

Klausur 20

Aufgabe

a) *„Der alleinige Weg zur Errichtung einer solchen allgemeinen Gewalt, die in der Lage ist, die Menschen vor dem Angriff fremder und vor gegenseitigen Übergriffen zu schützen und ihnen dadurch eine solche Sicherheit zu verschaffen, dass sie sich durch eigenen Fleiß und von den Früchten der Erde ernähren und zufrieden leben können, liegt in der Übertragung ihrer gesamten Macht und Stärke auf einen Menschen oder eine Versammlung von Menschen, die ihre Einzelwillen durch Stimmenmehrheit auf einen Willen reduzieren können."*

b) *„Wenn der Mensch im Naturzustand so frei ist, wie gesagt worden ist, wenn er der absolute Herr seiner eigenen Person und seiner Besitztümer ist, dem Größten gleich und niemandem untertan, warum soll er auf seine Freiheit verzichten? Warum soll er seine Selbständigkeit aufgeben und sich der Herrschaft und dem Zwang einer anderen Gewalt unterwerfen? Die Antwort liegt auf der Hand: obwohl er nämlich im Naturzustand ein solches Recht hat, so ist doch die Freude an diesem Recht sehr ungewiß, da er fortwährend den Übergriffen anderer ausgesetzt ist. ... nicht grundlos trachtet er danach und ist dazu bereit, sich mit anderen zu einer Gesellschaft zu verbinden ... zum gegenseitigen* Schutz *ihres Lebens, ihrer Freiheiten und ihres Vermögens, was ich unter der allgemeinen Bezeichnung* Eigentum *zusammenfasse."*

c) *„Es muß eine Gesellschaftsform gefunden werden, die mit der gesamten Kraft aller Mitglieder die Person und die Habe eines jedes Menschen verteidigt und beschützt; in der jeder einzelne, mit allen verbündet, nur sich selbst gehorcht und so frei bleibt wie zuvor. Das ist das Grundproblem, das der Gesellschaftsvertrag (contract social) löst. Alles Unwesentliche weggelassen, lässt sich der Gesellschaftsvertrag auf folgende Begriffe zurückführen: Jeder von uns unterstellt gemeinschaftlich seine Person und seine ganze Kraft der höchsten Leitung des Gemeinwesens, und wir empfangen als Körper jedes Glied als unzertrennlichen Teil des Ganzen."*

1. Dies sind drei Konzeptionen eines Gesellschaftsvertrages. Erläutern Sie, von wem sie stammen und was sie beinhalten.

2. Was lässt sich kritisch zu den Vertragstheorien sagen?

Lösung

Frage 1

Alle drei Verfasser gehen davon aus, dass die Legitimation eines Staates ein Vertrag ist. Dabei existiert jeweils eine Vorstellung über einen **Naturzustand**, in dem sich der Mensch nicht entwickeln kann. Weiterhin sehen die drei Verfasser die Notwendigkeit, diesen Naturzustand aufzugeben. Das führt zu einem Vertrag. Der Vertrag bildet die Legitimation eines bürgerlichen Zustandes.

Anthropologische Voraussetzungen aller Vertragstheorien sind die **Freiheit** des Menschen, sich zu verpflichten; die **Gleichheit** des Menschen bei der Bindung und die **Solidarität** des Menschen bei der Konfliktbereinigung.

a) Verfasser des ersten Textes ist **Hobbes**. In seinem „Leviathan“ stellt er die erste Theorie des Gesellschaftsvertrages der Neuzeit auf. Das Titelblatt des „Leviathan“ zeigt einen riesigen Menschen, dessen Körper aus Tausenden kleinen Menschen zusammengesetzt ist. Der Riese überragt eine Stadt und trägt sowohl Krone – als Symbol der staatlichen Macht – als auch Schwert und Zepter – kirchliche Macht –. Hobbes bezeichnet ihn als „**sterblichen Gott**“, der Name Leviathan stammt von einem Seeungeheuer aus dem Alten Testament.

Hobbes geht von einem **negativen Menschenbild** aus. In der menschlichen Natur liegen seiner Ansicht nach drei Konfliktursachen: Konkurrenz, Mißtrauen und Ruhmsucht. Dies führe zu Übergriffen. Leben die Menschen in einem Zustand ohne staatliche Macht, befinden sie sich in einem „**Krieg aller gegen alle**“. Es herrsche eine beständige Furcht und Gefahr eines gewaltsamen Todes. Das Leben sei einsam, ekelig, tierisch und kurz.

Wer vor der Aussicht auf ein solches Leben stünde, verzichte freiwillig auf einen Teil seiner Freiheit. Da die Menschen von Natur aus in ihren körperlichen und geistigen Kräften annähernd gleich seien, müsste jeder gleich viel auf Freiheit verzichten, um der unattraktiven Zwangslage im Naturzustand zu entkommen.

Ordnung kann nur gestiftet werden durch einen Vertrag, dem die Individuen selbst zugestimmt haben. Ein bloßer **Gesellschaftsvertrag**, bei dem die Menschen sich verpflichten, Leben, Leib und Eigentum anderer zu achten, sei jedoch ohne Wert – er kann jederzeit gebrochen werden. Deshalb verlangt Hobbes zusätzlich einen Herrschafts- bzw. **Unterwerfungsvertrag**. Der einzige Weg zur Errichtung einer Unterwerfungsgewalt liege in der Übertragung aller Macht und Stärke auf einen Menschen oder eine Versammlung von Menschen.

Zwei Verträge, gleichzeitig geschlossen

Gesellschaftsvertrag	**Unterwerfungsvertrag**
„Ich achte Leben, Leib und Freiheit des anderen."	„Ich unterwerfe mich einem Herrscher, dem Leviathan."

Der Unterwerfungsvertrag hebt das von der Vernunft vorgegebene erste natürliche Recht zur Selbstverteidigung nicht auf. Nach Hobbes ist ein Vertrag, sich nicht mit Gewalt gegen Gewalt zu verteidigen, immer nichtig. Denn niemand könne sein Recht, sich vor Tod, Verletzung und Gefangenschaft zu bewahren, übertragen oder darauf verzichten. Das Vermeiden dieser Gefahren sei nämlich der einzige Zweck jeden Rechtsverzichts.

Der Hobbsche Staatsaufbau sieht **nur eine Gewalt** vor. Gewaltenteilung lehnt er als „gefährlich" ab, da diese zu Konflikten führe. Die Gesetze des Leviathan seien Gesetze kraft seiner Autorität, nicht wegen ihres Inhalts. Der Souverän erläßt aber nicht nur die Gesetze, sondern regiert, richtet und führt das Heer. Er darf Zensur ausüben.

<u>b) Kritik an Hobbes Modell:</u>

→ Die Idee eines staatenlosen Naturzustandes ist **Fiktion** – das räumt auch Hobbes ein. Ebenso ist der Vertragsschluß nicht real, sondern fiktiv. Dann können aber auch nur fiktive Menschen diesen Vertrag schließen. Taugen tut die Theorie folglich nur als Utopie. Die praktische Brauchbarkeit ist gering. Gegenkritik: Auch aus Utopien lassen sich Handlungsanleitungen entwickeln.

→ Fraglich ist, ob der Mensch tatsächlich so schlecht ist, wie Hobbes in seiner Beschreibung des Naturzustandes annimmt.

→ Problematisch ist auch, ob der Souverän wirklich Frieden schaffen kann. Kriminalität wird es immer geben – auch im totalen Überwachungsstaat (Beispiel: DDR). Gegenkritik: Das DDR-Regime basierte nicht auf Übereinstimmung, sondern auf Zwang.

→ Zensur, keine freie Religionsausübung, Überwachung – das widerspricht unserer heutigen Auffassung von **Menschenrechten**. Gegenkritik: Hobbes erschien das besser als der Bürgerkrieg seiner Zeit.

c) Der zweite Text stammt von **Locke**. Er glaubt an die Erkenntniskräfte der Sinne und dass der Mensch von Natur aus seinen eigenen Nutzen anstrebe. Dies könne man zum Vorteil aller gestalten. Deshalb seinen individuelle Rechte an eigener Arbeitskraft und dem, was diese Arbeitskraft vollbracht hat, zu gewährleisten. Locke nennt dies „life“, „liberty“ und „estate“ und fasst dies unter dem Begriff „property“ zusammen.

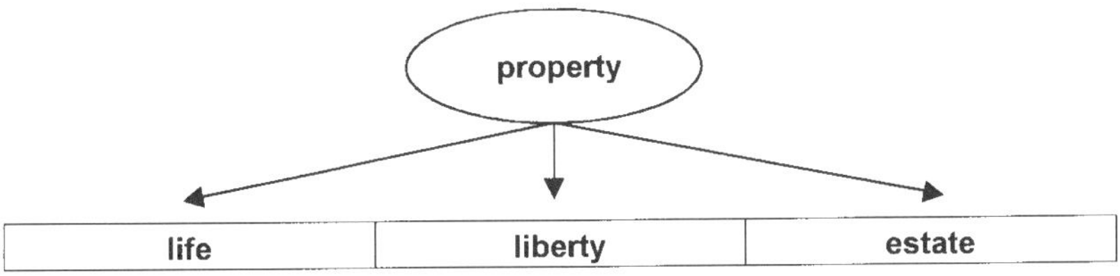

Locke beschreibt, wie Entstehung, Zweck und Institutionen eines Regierungssystems zu denken sind, wenn diese von freien Menschen als legitim angesehen werden sollen. Ebenso wie Hobbes geht Locke dabei von einem Naturzustand aus. Jedoch gebe es darin keinen Krieg aller gegen alle. Es sei vielmehr ein **Zustand vollkommener Freiheit und Gleichheit**.

> Als natürliche Rechte, die bereits in diesem Naturzustand existieren, nennt Locke das Recht auf Leben und körperliche Unversehrtheit, das Recht auf Freiheit und auf Eigentum an den Erträgnissen eigener Arbeit.

Wenn aber der Mensch im Naturzustand „vollkommen frei“ ist, wieso soll er dann auf seine Freiheit verzichten? Locke geht davon aus, dass zwar im großen und ganzen die natürlichen Rechte respektiert würden. Doch der Mangel einer den Menschen übergeordneten Autorität, die die Rechte eines jeden schützt und Streitigkeiten schlichtet, ziehe **Unsicherheiten** nach sich. Um diese Unsicherheiten zu beheben, kommen die Menschen vertraglich darüber überein, eine staatliche Gewalt zu errichten, die Leben, Freiheit und Besitz sichert.

Einzige Aufgabe des Staates ist also die **Sicherung von Freiheit**. Damit ist die Einschränkung der natürlichen Rechte deutlich geringer als bei Hobbes. Bei Locke schützt der Staat das Eigentum, das den Menschen bereits im Naturzustand zusteht. Jeder habe das Recht, dass niemand anders seinem Eigentum Schaden zufügt (**negatives Recht**; kein positives Recht auf Güter).

Eigentum besitzen wir also nicht nur an unserem Besitz, sondern auch an unserem **Leben** und unserer **Arbeitskraft**: Ein Ackerbauer macht ein Stück Land urbar, pflanzt dort an und erntet später. Dann gehören ihm nicht nur die Erzeugnisse, sondern auch das Land. Aber es gibt **Grenzen des Eigentums**: Niemand darf mehr nehmen als er wirklich verbraucht. Wenn die angepflanzten Gemüse also verfaulen, hat sich der Ackerbauer mehr genommen, als er durfte. Möglich aber ist ein Tausch des Gemüses: Dafür kann der Bauer andere wichtige Dinge erhalten, zB Hufeisen. Um diese Tauschgeschäfte zu erleichtern, gibt es **Geld**. Damit sei es möglich, große Besitztümer anzuhäufen, ohne andere zu schädigen.

Der Staat, der Eigentum schützt, indem er u.a. die Sklaverei ausschließt, wird durch einen **Gesellschaftsvertrag** gegründet. Dieser Vertrag muß nicht ausdrücklich, er kann auch konkludent geschlossen werden – z.B. dadurch, dass man die Vorteile seines Schutzes genießt. Institutionell ist der Staat in drei Gewalten geteilt: Die **Legislative** verabschiedet Gesetze, um die Staatsaufgaben zu erfüllen; die **Exekutive** führt diese Gesetze aus und die **Föderative** regelt die auswärtigen Beziehungen (zB den Friedensschluß). Föderative und Exekutive sollen aber aus praktischen Gründen in einer Hand liegen. Eine Judikative kennt Locke nicht, sie wird erst später durch Montesquieu eingeführt.

Bei Locke gilt das Mehrheitsprinzip. Er schlägt zudem eine „**gemischte Staatsform**" vor – auch eine Monarchie kann, wenn sie nicht absolut ist, dem Mehrheitswillen entsprechen.

Lockes Ideen hatten unmittelbare Auswirkungen auf die Amerikanische Unabhängigkeitserklärung (1776) und die amerikanische Verfassung (1787). Als erste Menschenrechtserklärung gilt die **Virginia Bill of Rights**, die 1776 in ihrem Artikel 1 proklamierte:

> „Alle Menschen sind von Natur aus gleichermaßen frei und unabhängig und besitzen gewisse angeborene Rechte, deren sie, wenn sie den Status einer Gesellschaft annehmen, durch keine Abmachung ihre Nachkommenschaft berauben oder entkleiden können, und zwar den Genuß des Lebens und der Freiheit und dazu die Möglichkeit, Eigentum zu erwerben und zu besitzen und Glück und Sicherheit zu erstreben und zu erlangen."

d) Kritik an Lockes Modell:

→ Marxisten haben Locke vorgeworfen, er wolle den status quo der Eigentumsrechte sichern, weil er nur ein negatives Recht auf Eigentumsschutz, nicht aber ein positives Recht auf gerechte Verteilung von Gütern kenne. Dies aber ist nur bedingt richtig, da jeder Eigentum am eigenen Körper und an der Arbeitskraft hat; außerdem besitzt jeder Stimmrecht. Schließlich verlangt Locke „no taxation without representation" und nicht „no representation without taxation".

→ Kommunitaristen meinen, die Prämisse, dass der Mensch nach seinen eigenen Vorteile strebe, vernachlässige die Bürgertugenden. Der Mensch sei auch gut.

→ Locke argumentiert oft mit **Gott**. Für ihn ist die Freiheit der Menschen im Naturzustand ein „Gesetz der Natur". Diese Idee stammt aus der christlichen Lehre. Atheisten mögen nicht daran glauben, und folglich nicht an die Freiheit im Naturzustand.

e) Der dritte Text stammt von **Rousseau**. Er beschreibt den Naturzustand als paradiesischen Zustand. Die Menschen lebten isoliert und ohne Kommunikation. Es herrsche allgemeine Gesundheit. Nachdenken, Kunst oder Industrie gebe es nicht. Für Rousseau ist der Mensch originär kein Wesen der Vernunft, sondern wird von seinen Bedürfnissen bestimmt. Er sei aber von Natur aus gut.

Dieser Zustand zerbricht eines Tages ungewollt. Zwischen den Menschen entstehen Rangunterschiede, was eine Aufteilung des Bodens nach sich zieht. Dadurch entstehen Herrschaft und Knechtschaft, es kommt zu Kriegen. Für Rousseau ist der Mensch von Natur aus frei, doch im zerfallenden Naturzustand liegt er in Ketten.

Um „**echte Freiheit**" herzustellen und die „unechte Freiheit" bloßer Individualität im Naturzustand zu überwinden, müsse sich jeder als Gemeingut unter die Leitung eines obersten Willens begeben. Dabei entledigen sich aller ihrer Besitztümer und Ansprüche. Rousseau möchte dadurch die Ungleichheit des Eigentums, die Locke noch verteidigt hatte, aufgeben. Der Eintritt in den Staatszustand erfolge nicht mit Zwang (die Menschen sind schließlich frei!), sondern durch einen **Vertrag**. Grund seien Nützlichkeitserwägungen: Der Aufwand, sich im zerfallenden Naturzustand zu erhalten, ist größer, als in den vergesellschafteten Zustand überzugehen. So entstehen moralische und rechtliche Ordnung sowie das **Volk**. Das Volk sei einziger Träger der Souveränität.

Alle Staatsgewalt
Nicht geteilt, sondern konzentriert;
einzelne staatliche Akte sind Ausfluß der *einen* souveränen Gewalt.

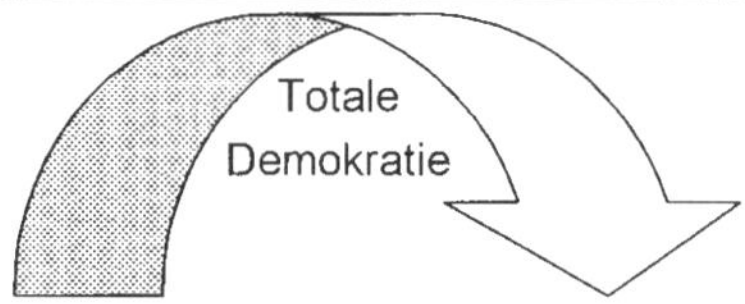

Volkssouveränität
Die *eine* Gewalt - nicht delegierbar auf Repräsentanten oder die Exekutive.

> *„Aber, wird man fragen, wie kann ein Mensch frei sein und doch gezwungen, sich dem fremden Willen anderer zu bequemen? Wie können die Widersprechenden frei sein und doch den Gesetzen unterworfen, in welche sie nicht eingewilligt haben? Ich antworte: Diese Frage ist schlecht gestellt. Der Bürger willigt in alle Gesetze, selbst in die, die gegen seinen Willen durchgegangen sind, ein. Wenn man in der Volksversammlung ein Gesetz vorschlägt, so fragt man nicht eigentlich, ob sie den Vorschlag annehmen oder verwerfen, sondern ob er dem Gemeinwillen, der auch der ihrige ist, gemäß ist oder nicht."*

Der Einzelne wird folglich Teil eines Ganzen, von dem er Leben und Dasein empfängt. Das Ganze ist allerdings mehr als die Summe ursprünglicher Einzelwillen, mehr als ein Gesamtwille (volonté des tous); vielmehr ergibt sich aus dem organischen Ganzen ein **Gemeinwille** (**volonté générale**). Dies funktioniert, da alle ihre Besitztümer und Ansprüche abgegeben haben, so dass das Selbstinteresse eines jeden mit dem Selbstinteresse jedes anderen zusammenfällt. Bei der Annahme des Gesellschaftsvertrages ist Einstimmigkeit vonnöten. Bei allen anderen Abstimmungen reicht eine einfache Mehrheit. Überwiegt eine andere Meinung als die eigene, hat man sich „geirrt". Die volonté générale beschließt nur abstrakt-generelle Gesetze, die ein „législateur" ausgearbeitet hat.

Grundrechte: Das Individuum tritt seine Rechte an die Gemeinschaft ab. Diese weist den Individuen dann wieder Rechte zu. Auf eigene Rechte pochen zu wollen, bedeute einen Rückfall in Selbstsucht und Egoismus. Rousseau nennt seinen Staat „**Republik**". Überall dort, wo nicht eine Republik in diesem fundamentalen Sinne besteht, herrscht Despotismus als die Macht des partikularen Willens über andere Willen. Die gesetzgebende Körperschaft und das Staatsoberhaupt ist daher die Volksversammlung wie in der griechischen Polis.

f) Kritik an Rousseaus Modell:

→ Nicht liberal: Bürgerliche Zwangsreligion widerspricht liberalem Verfassungsstaat.

→ Die Vorbereitung und Ausformulierung der Gesetzesvorlagen sollen unabhängige Sachverständige, bzw. der „législateur" leisten. Damit will Rousseau verhindern, dass sich vom Volk beschlossene Gesetze widersprechen. Allerdings geraten die Sachverständige faktisch in die Rolle von **Volkserziehern**.

→ Täuschung durch die Sachverständigen ist zuweilen nötig, da das Volk die Richtigkeit der Gesetze nicht immer erkennt. Dies widerspricht der Volkssouveränität.

→ Die volonté générale erläßt nur allgemein-generelle Gesetze. Für Verordnungen soll immer noch eine **Regierung** zuständig sein – eine weite Zuständigkeit. Zwar soll die Regierung vom Volk abhängig sein (imperatives Mandat). Aber wie kann die Regierung gleichzeitig eingreifen und abhängig sein?

Ist Rousseau mit seiner Theorie vom „totalen Staat" **ein Vorläufer des Totalitarismus im 20. Jahrhundert?**	
Pro-Argumente: Staat als „organisches Ganzes", keine vorstaatlich garantierten Grundrechte, großer Gesetzgeber „législateur", Zivilreligion.	*Contra-Argumente:* Grundsatz, dass alle Menschen frei sind und Recht auf Vereinbarung beruhen muß.

Frage 2

- **Problem der Rekursivität:** Was ist die außervertragliche Grundlage des Vertrags? Warum ist der Gesellschaftsvertrag verbindlich? John Stuart Mill: „Warum sind wir gebunden, ein Versprechen zu halten?"

- **Problem der faktischen Entwicklung:** Die meisten Staaten sind nicht aus Konsens und Vertrag, sondern aus Unterwerfung und Gewalt entstanden. Heutzutage aber lassen sich keine neuen Verträge schließen – schließlich gibt es bereits Staaten.

- **Problem des Schweigens als Zustimmung:** Will man den Vertrag auch im Heute denken, wird er dann etwa konkludent geschlossen (indem ich Steuern bezahle, Schulen besuche)? Oder muß, wer sich dem Vertrag entziehen will, auswandern – wie Locke meint? Auswandern aber ist eine sehr hohe Hürde, vgl. Hume:

> „Kann man ernsthaft behaupten, es stünde im Belieben eines armen Bauern oder Handwerkers, seine Heimat zu verlassen, obwohl er fremde Lebensart und Sprache nicht kennt und überdies vollauf beschäftigt ist, seinen täglichen Lebensunterhalt zu verdienen? Mit gleicher Behauptung könnte man an der Fiktion festhalten, dass ein Mann, der ein Schiff auf hoher See nicht verläßt, dadurch freiwillig in die Herrschaft des Kapitäns einwilligt, obwohl man ihn im Schlaf an Bord gebracht und seine einzige Alternative in einem Sprung ins Meer besteht." (Über den Gesellschaftsvertrag)

- **Problem der vorverlagerten Zustimmung:** Geschlossen wurde der Vertrag vor vielen Generationen, warum sind *wir* noch daran gebunden? Muß nicht jeder neue Mensch den Vertrag auch neu schließen? Immerhin sind Verträge zu Lasten Dritter auch im BGB unzulässig. Die aus dem Vertrag resultierenden Pflichten sind zweifelsohne Lasten.

- **Problem des hypothetischen Vertrages:** Wenn Kant und Rawls sagen, ihr Vertrag sei gar nicht faktisch, sondern nur hypothetisch, kann argumentiert werden, dass hypothetische Verträge nur von hypothetischen Personen geschlossen werden können.

- **Problem des immanenten Menschenbildes:** Jede Vertragstheorie geht von anthro-pologischen Grundannahmen über den Menschen aus. Der Mensch darf zum einen nicht nur altruistisch sein, denn dann würde er mehr geben, als er müsste; zum anderen darf er nicht egoistisch sein, denn dann würde er den Vertrag nur zum Schein abschließen und ein free-rider werden (= nur ein Minimum geben, und auch nur wenn es ausdrücklich verlangt ist).

- **Problem des politischen Reduktionismus:** Staaten sind mehr als Verträge. Sie sind Schicksalsgemeinschaften, kulturelle Einheiten und generationenübergreifende Tradition. Die Vertragstheorien mögen für Institutionen wie den Markt oder politische Parteien taugen, für das Meta-System, für einen mehr als nur „Not- und Verstandesstaat" (Hegel), sind sie nicht nützlich.

Zusammenfassung Vertragstheorien		
Hobbes	**Locke**	**Rousseau**
	Grund für die Staatsbildung	
Angst ums Leben	Eigentum sichern	ohne Staat Unfreiheit
	Minimal – oder Maximalleistungen	
Schutz des Lebens	Sicherung von Eigentum	Freiheit
	Woran hat sich der Staat zu halten?	
nichts	Naturrecht positivieren	volonté générale
	Was ist gut und was ist gerecht?	
gut = klug gerecht = was Gesetz ist	gut = was behaglich ist gerecht = gut	gut = keine Sonderinteressen gerecht = Ergebnis der Abstimmung
	Menschenbild im Naturzustand	
Konkurrenz, Mißtrauen	wilder, gesellig lebender Eigentümer oder Räuber	keine Identität

Literatur:

→ Hofmann: Einführung in die Rechts- und Staatsphilosophie, § 26 zu Hobbes, Locke, Rousseau und Kant; Seiten 153ff.

→ Zenthöfer, Rechtsphilosophie, Seiten 79ff. (Vorstellungen vom Naturzustand und vom Herrschaftsvertrag, Zeitalter der Aufklärung, Hobbes – Locke – Rousseau).

Klausur 21

Aufgabe

„Ich beginne mit einer Definition des zivilen Ungehorsams als einer öffentlichen, gewaltlosen, gewissensbestimmten, aber politisch gesetzwidrigen Handlung, die gewöhnlich eine Änderung der Gesetze oder der Regierungspolitik herbeiführen soll. Mit solchen Handlungen wendet man sich an den Gerechtigkeitssinn der Mehrheit der Gesellschaft und erklärt, nach eigener wohlüberlegter Ansicht seien die Grundsätze der gesellschaftlichen Zusammenarbeit zwischen freien und gleichen Menschen nicht beachtet worden. Wir halten zunächst fest, dass diese Definition nicht fordert, es müsse das gleiche Gesetz gebrochen werden, gegen das protestiert werden soll. (...)"

1. Erläutern Sie diese Definition des „zivilen Ungehorsams" von Rawls! Grenzen Sie dabei auch ab zum Widerstandsrecht!

2. Wie läßt sich „ziviler Ungehorsam" moralisch rechtfertigen?

Lösung

Frage 1

Ziviler Ungehorsam zeichnet sich durch die Kumulation folgende Merkmale aus:
- es sind Handlungen, die auf die Aufhebung einer Norm oder einer politischen Entscheidung zielen (Appellfunktion),
- in Form begrenzter Regelverletzungen,
- in Einklang mit dem Gewissen,
- öffentlich,
- gewaltlos, und
- die Strafe für die Aktion wird akzeptiert.

a) Protestaktionen in Form zivilen Ungehorsams beinhalten also eine vorsätzliche Verletzung von Rechtsnormen. Die Norm die verletzt und das Unrecht gegen das protestiert wird, brauchen aber nicht identisch zu sein. Es ist daher zu unterscheiden zwischen unmittelbaren und mittelbaren zivilen Ungehorsam. **Mittelbarer** ziviler Ungehorsam liegt vor, wenn durch die Verletzung neutraler, unbeanstandeter Normen auf den Mißstand anderer Sachverhalte aufmerksam gemacht werden soll. **Unmittelbarer** ziviler Ungehorsam liegt vor, wenn sich der Protest gegen das Ge- oder Verbot der Norm richtet, die tatbestandsmäßig verletzt wird.

b) Der Rechtsungehorsam ist **begrenzt**. Er läßt die grundsätzliche Gesetzes- und Verfassungstreue unberührt, erkennt also die Legitimität der Regierung und der Rechtsordnung an.

c) Ziviler Ungehorsam muß **politisch-moralisch motiviert** sein. Es findet insofern eine Berufung auf den verfassungsethischen Grundkonsens statt. Im Akt des zivilen Ungehorsams appelliert eine Minderheit an die Mehrheit, ihre moralisch-rechtlichen Auffassungen zu überprüfen.

d) Dies erfolgt **öffentlich**. Um seiner Appellfunktion gerecht zu werden, muß dieser symbolische Protest als kommunikativer Akt öffentlich erfolgen. Eine Handlung im Verborgenen reicht nicht aus. Sinn des zivilen Ungehorsams ist es ja gerade, ein Umdenken zu verursachen.

e) Schließlich muß der Ungehorsam **gewaltlos** sein. Jede Beeinträchtigung der bürgerlichen Freiheiten anderer nimmt dem Ungehorsam den Charakter des Appells.

f) Zuletzt muß der Handelnde **seine Strafe akzeptieren**. Dies zeigt seine grundsätzliche Gesetzestreue.

g) Zum Teil wird verlangt, dass die Möglichkeiten ausreichender legaler Einflußnahme erschöpft sein müssen. Dies bedeutet, dass man sich zuvor in Parteien und Initiativen engagiert haben muß.

➔ Ziviler Ungehorsam ist also nur im freiheitlichen Verfassungsstaat möglich. Eine strafrechtliche Rechtfertigung über § 193 StGB [Wahrnehmung berechtigter Interessen] oder § 34 besteht nicht, da die Gefahr anders abwendbar ist und es zudem an der Geeignetheit fehlt (die politisch Verantwortlichen lassen sich durch Aktionen in Form von Gesetzesverletzungen nicht beeindrucken). Folglich kann das Motiv nur in der Strafzumessung berücksichtigt werden.

h) Unterscheidung zum Widerstandsrecht:

Widerstand zielt auf die Abschaffung bzw. Wiederherstellung einer gesamten Staatsordnung. Folglich liegt hier eine revolutionäre, nicht eine evolutionäre Stoßrichtung vor. Widerstand wird im geheimen ausgeübt. Es werden alle Mittel angewandt, folglich auch Gewalt, also Tötung von Menschen.

➔ Widerstand ist in einem freiheitlichen Verfassungsstaat nicht möglich, da nach Art. 20 IV GG erst alle anderen möglichen Wege keinen Erfolg versprechen dürfen.

Frage 2

Wie gesehen, lässt sich ziviler Ungehorsam nicht rechtlich rechtfertigen (Frage 1). Es könnte jedoch eine moralische Rechtfertigung geben.

Rawls geht in seiner Staatstheorie von einem fiktivem Naturzustand (**original position**) aus, in welchem jeder Mensch gleich ist und niemand seine natürlichen Fähigkeiten oder Moralvorstellungen kennt. Der Mensch befindet sich also hinter einem „**Schleier des Nichtwissens**". Rawls nimmt weiter an, dass jeder Mensch nach seiner abwägenden Vernunft letzte Ziele, die er in seinem Leben verwirklichen will, verfolgt und hierfür gewisse Grundgüter braucht.

Deshalb glaubt Rawls, dass sich die Menschen in der „original position" auf zwei Grundprinzipien einigen.

Rawls Verteilungsregeln	
1. Regel: Jedermann soll das gleiche Recht auf das umfangreichste System gleicher Grundfreiheiten haben, das für andere verträglich ist: politische Rechte, Rede- und Versammlungsfreiheit, Unverletzlichkeit der Person, Eigentum.	**2. Regel:** Soziale und wirtschaftliche Ungleichheiten (in Einkommen, Vermögen und Macht) sind so zu gestalten, dass (a) vernünftigerweise zu erwarten ist, dass sie zu jedermanns Vorteil dienen, und (b) sie mit Positionen und Ämtern verbunden sind, die jedermann offen stehen.

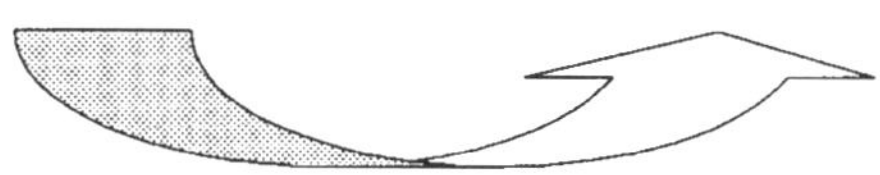

lexikalischer Vorrang der ersten Regel

Ziviler Ungehorsam ist nur dann gerechtfertigt, wenn er sich gegen offensichtliche und schwere Verletzungen der Freiheitsrechte (erste Regel) oder gegen die Chancengleichheit (zweier Teil der zweiten Regel) richtet. Als weitere Voraussetzung müssen die Möglichkeiten aussichtsreicher legaler Einflußnahme erschöpft sein.

Für Rawls trägt sparsamer und abgewogener ziviler Ungehorsam neben regelmäßigen freien Wahlen und unabhängigen Gerichten zur Erhaltung und Stärkung eines Systems gerechter Institutionen bei. Der Widerstand gegen Ungerechtigkeit im Rahmen der Gesetzestreue trage zur Verhinderung von Gerechtigkeitsverletzungen oder zu ihrer Berichtigung bei.

Obwohl ziviler Ungehorsam gesetzeswidrig ist, trage er zur Erhaltung eines konstitutionellen Systems bei: Wenn die beiden Gerechtigkeitsregeln nämlich im Staat – vertragswidrig – jemanden vorbehalten werden, kann man darauf reagieren mit Unterwerfung oder Widerstand.

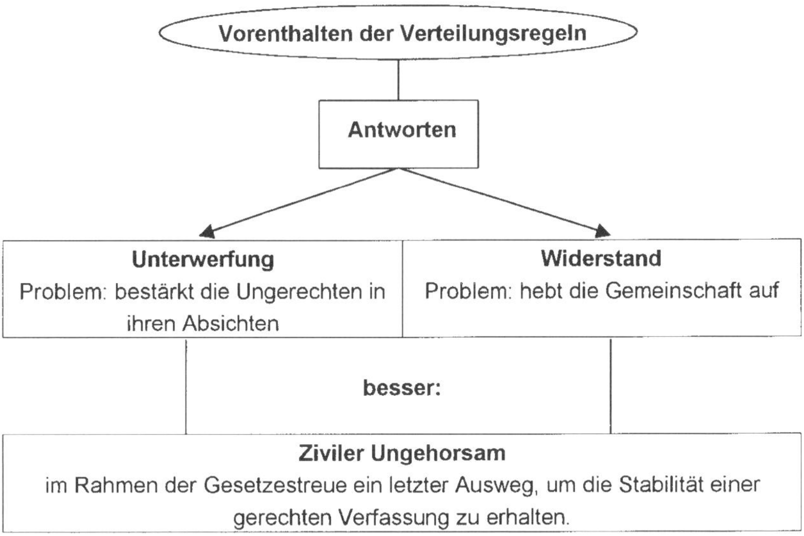

<u>Literatur:</u>

→ Rawls: Eine Theorie der Gerechtigkeit (Kapitel 55: Definition des zivilen Ungehorsams – zu Frage 1; Kapitel 59: Die Rolle des zivilen Ungehorsams – zu Frage 2).

→ Zenthöfer, Rechtsphilosophie, Seite 63 (mit weiteren Erläuterungen zum Widerstandsrecht; zu Art. 20 IV GG siehe auch Zenthöfer, Grundrechte, Seite 110 [Richter-Verlag]).

Klausur 22

Aufgabe

1. Erläutern Sie die Erkenntnisphilosophie von Hegel – auch in Abgrenzung zu der von Kant!

2. Welche Betrachtungen zum Recht lassen sich daraus ableiten?

Lösung

Frage 1

a) Nach Kant kann der Mensch nur Erscheinungen der „Dinge an sich" erkennen; das Ding an sich wird nicht erfasst. Vielmehr sehen wir nur das, was durch die **drei Stufen der Synthesis** gelangt ist:

→ 1. Stufe: Synthesis der Empfindungen (zum Beispiel auf der Netzhaut, Töne im Ohr) zu Anschauungen. Die Bedingungen der Möglichkeit dieser Synthesis sind Raum und Zeit.

→ 2. Stufe: Synthesis der Anschauungen zu Erfahrungen. Die Bedingungen der Möglichkeit dieser Synthesis sind Kategorien wie Kausalität.

→ 3. Stufe: Synthesis der Erfahrungen zur Totalität der Erfahrung. Die Bedingung der Möglichkeit dieser Synthesis ist die transzendentale Apperzeption (= überschiebende Wahrnehmung einzelner Sinneseindrücke).

b) Hegel lehnt dies ab. Er glaubt, dass das Eigentliche – also die Wahrheit der Gegenstände, das Ding an sich – erkannt werden kann. Allerdings folge diese Erkenntnis nicht aus einer Fähigkeit des Menschen, sondern durch die **umfassende geistige Natur der Welt**. Das Subjekt (der Mensch) falle mit der Substanz der Welt zusammen.

Damit hebt Hegel den Gegensatz von den „Dingen an sich" und ihrer Erscheinung auf. Es entfällt also das Problem, die Wirklichkeit erkennen zu müssen. Denn Seele, Kosmos und Gott gehen in einem Begriff des Absoluten auf: „Das Wahre ist das Ganze". Und: Das Ganze ist mehr als die Summe seiner Teile. Damit entwickelt Hegel ein System des **absoluten Geistes**.

Der absolute Geist nimmt seinen Ausgang bei Gott. Durch **Entäußerungen** wird er zur Natur und zum leiblich-seelischen Dasein des Menschen. Als Mensch verfügt er über Bewußtsein und gestaltet so die Geschichte.

In diesen Bewußtseinsakten und im geschichtlichen Geschehen wendet sich **der Geist zu sich selbst zurück** in 3 Stufen:

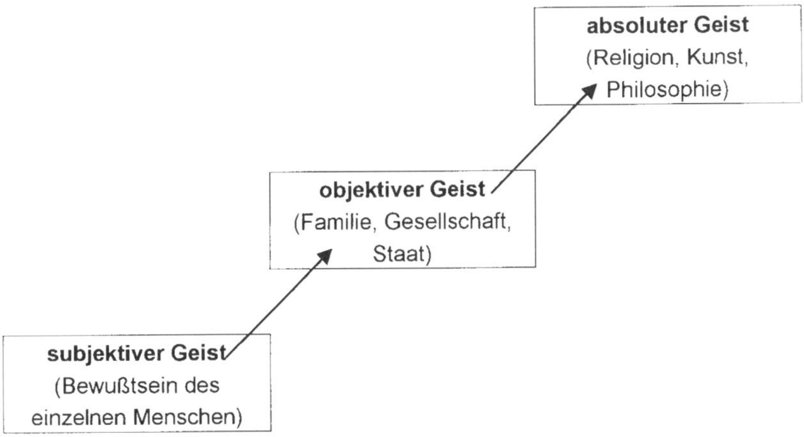

Diese Bewegung des Geistes bringt die ganze Wirklichkeit hervor. Sie erfolgt als Wechsel von Gegensätzen, die jeweils in einer neuen Einheit „aufgehoben" werden (dialektischer Dreischritt).

Alles **Wirkliche** – seien es Naturvorgänge, geschichtliche Ereignisse, Bewußtseinsvorgänge oder geistige Idealgebilde – sind also Erscheinungen des absoluten Geistes und **schon deshalb vernünftig**:

„Was vernünftig ist, das ist wirklich; was wirklich ist, das ist vernünftig."

Frage 2

a) Damit hat Hegel bereits begründet, warum die Staatsgründung vernünftig ist: Da bereits ein Staat – damals der preußische – existiert, muß dieser vernünftig sein. **Entwickelt** habe sich der Staat aus den Entäußerungen des objektiven Geistes. Deshalb seien zuvor auch Familie (erste Stufe der Sittlichkeit) und Bürgerliche Gesellschaft (zweite Stufe der Sittlichkeit) entstanden.

Den Beginn dieser Entwicklung führt Hegel zurück auf einen Naturzustand, den er ebenso beschreibt wie Hobbes: als roh, gewalttätig und ungerecht. Die Menschen müssten aus einem solchen Zustand in die Staatsgesellschaft treten, weil nur in ihr das rechtliche Verhältnis Wirklichkeit werde. Dieser Prozeß setze aber keinen Vertrag (wie bei Hobbes, Rousseau und anderen) voraus, der Staat entsteht im Laufe der Geschichte automatisch.

Der Staat ist für Hegel die Ausprägung objektiver Ideen, eine absolute Vernünftigkeit: **„Der Staat ist die Wirklichkeit der sittlichen Idee** – der sittliche Geist."

Hegel charakterisiert die geschichtliche Entwicklung als eine Entwicklung hin zu Staat und Recht: Idee und Wirklichkeit des Rechts laufen notwendig aufeinander zu. Dabei werden Gegensätze überwunden, aus einer These entwickelt sich eine Antithese und schließlich eine Synthese. Hegel führt damit die **Dimension der Zeit** in die Philosophie ein. Dagegen war Kant noch ungeschichtlich, als er ausführte, das Freiheitsprinzip müsse immer und absolut gelten.

Das höchste Recht liegt für Hegel nicht beim Einzelnen, sondern beim Staat. Die Vereinigung der Menschen zum Staat sei keine Zweckkonstruktion. Ziel sei es nicht, Leben (so Hobbes) oder Eigentum (so Locke) des Einzelnen zu schützen. Vielmehr sei der Staat Zweck an sich, er sei die **höchste Form von Vernunft und Freiheit**. An dieser Vernunft und Freiheit nimmt der einzelne teil, wenn er die allgemeinen Gesetze befolgt. Für Hegel ist der Staat somit eine „Super-Familie", man könnte sagen:

„Wir wollen uns als Teil eines Volkes begreifen; wir wollen begreifen, dass es einen gemeinsamen Willen gibt."

Mensch hat freien Willen (wie bei Kant)	→	Weltgeist entwickelt Staat, damit der Mensch zum vernünftigen Bürger werden kann (kein Vertrag)	→	Erst im Staat verwirklicht sich das Individuum	→	Daher ist das kollektive Staats-interesse auch das eigene Interesse

Im Staat verwirklicht sich die Freiheit. Der Staat ist etwas Heiliges. Die Geschichte entwickelt sich dahin.

Hegels Rechtsphilosophie (Gliederung)

Legalität
1. Eigentum
2. Vertrag
3. Unrecht

→

Moralität
1. Vorsatz und Schuld
2. Absicht und Wohl
3. Das Gute und das Gewissen

→

Sittlichkeit
1. Familie
2. Bürgerliche Gesellschaft
3. Staat

Zusammenfassend [nach der Interpretation von Coing]: Im Recht und seiner Geschichte verwirklicht sich die Idee der Freiheit; das Rechtssystem ist das „Reich der verwirklichten Freiheit". Die Freiheitsidee entfaltet sich in den drei Stufen der Legalität, Moralität und der Sittlichkeit.

- Die **Stufe der Legalität** bezeichnet Hegel als diejenige des „abstrakten oder formellen Rechts". Der Einzelne weiß sich hier als frei, als Person. Das Recht erkennt ihm Rechtspersönlichkeit und Rechtsfähigkeit zu; es gilt der Grundsatz: „Sei eine Person und respektiere die anderen als Personen". Indem der freie Mensch seinen Willen in Gegenstände der Natur legt (Okkupation und Gebrauch), entsteht Eigentum, welches das Recht schützt; indem er mit anderen tauscht, entstehen Verträge.

- Die **Stufe der Moralität** wird bestimmt durch die Anerkennung der moralischen Persönlichkeit des einzelnen, der Motive und Gesinnungen, aus denen er handelt. Rechtlich folgt aus dieser Anerkennung z.B. der Schutz der Gewissensfreiheit und die Forderung der Fähigkeit, das Rechtswidrige eines Tuns einzusehen, als Voraussetzung der Strafe.

- Die **Stufe der Sittlichkeit** ist dadurch bezeichnet, dass der einzelne als Person über die Verfolgung seiner persönlichen Ziele hinaus *allgemeine* sittliche Mächte in seiner Tätigkeit verwirklicht: Dies geschieht wiederum in drei Stufen dadurch, dass der einzelne in und für soziale Gemeinschaften lebt und tätig ist: in der Familie, in der bürgerlichen Gesellschaft und vor allem als Diener und Bürger des Staates. Denn der Staat ist für Hegel die „Wirklichkeit der sittlichen Idee".

Für Hegel gilt also die Formel **Staat = Sittlichkeit**.

Literatur:

Bis heute habe ich keine Sekundärliteratur gefunden, die Hegel einfach und klar erklärt. Vermutlich kann man Hegel gar nicht einfach und klar erklären, denn seine Schriften sind ja fast unlesbar. Für Hinweise auf Sekundärliteratur bin ich daher dankbar: zenthoefer@gmx.de. Bisher bin ich der Meinung, dass Hegel gar nicht verstanden werden kann (bis auf die oberflächlichen Grundzüge, die oben stehen). Dies zeigt sich auch darin, dass sich sowohl Rechte wie Linke auf ihn berufen. Jeder schneidet sich halt das ab, was er will. Meine Empfehlung: Es gibt so so viel spannende Rechtsphilosophie. Verzichten wir auf Hegel!

Klausur 23

Aufgabe

1. Erläutern Sie die Erkenntnisphilosophie von Marx – auch in Abgrenzung zu der von Kant und Hegel!

2. „*In der gesellschaftlichen Produktion ihres Lebens gehen die Menschen bestimmte, notwendige, von ihrem Willen unabhängige Verhältnisse ein, Produktionsverhältnisse, die einer bestimmten Entwicklungsstufe ihrer materiellen Produktivkräfte entsprechen. Die Gesamtheit dieser Produktionsverhältnisse bildet die ökonomische Struktur der Gesellschaft, die reale Basis, worauf sich ein juristischer und politischer Überbau erhebt, und welcher bestimmte gesellschaftliche Bewußtseinsformen entsprechen. Die Produktionsweise des materiellen Lebens bedingt den sozialen, politischen und geistigen Lebensprozeß überhaupt. Es ist nicht das Bewußtsein der Menschen, das ihr Sein, sondern umgekehrt ihr gesellschaftliches Sein, das ihr Bewußtsein bestimmt.*

Auf einer gewissen Stufe ihrer Entwicklung geraten die materiellen Produktivkräfte der Gesellschaft in Widerspruch mit den vorhandenen Produktionsverhältnissen oder, was nur ein juristischer Ausdruck dafür ist, mit den Eigentumsverhältnissen, innerhalb deren sie sich bisher bewegt hatten. Aus Entwicklungsformen der Produktivkräfte schlagen diese Verhältnisse in Fesseln derselben um. Es tritt dann eine Epoche sozialer Revolutionen ein. Mit der Veränderung der ökonomischen Grundlage wälzt sich der ganze ungeheure Überbau langsamer und rascher um.“

Marx spricht hier von Produktivkräften, von Produktionsverhältnissen und vom „gesellschaftlichen Überbau“. Setzen Sie diese Begriffe zueinander in Beziehung! Erläutern Sie zuvor den Begriff „Entfremdung“.

3. Was sind die Kritikpunkte an seiner Philosophie?

Lösung

Frage 1

Für **Kant** ist es dem Menschen aufgrund seiner beschränkten Erkenntnisfähigkeit nicht möglich, das „Ding an sich" zu begreifen. Deshalb könne es keine objektiven Wahrheiten und damit keine objektiv-richtigen Rechtssätze geben. Folglich ist sein kategorischer Handlungs-Imperativ a priori (= vor aller Erfahrung), universell zustimmungsfähig und weitgehend inhaltsleer.

Dagegen glaubt **Hegel**, dass der Mensch das „Ding an sich" begreift – nicht etwa weil er unbeschränkt erkenntnisfähig ist, sondern weil Mensch und Geist eins sind, etwas Vollkommenes, ein Ideal (*Idealismus*).

Marx übernimmt diese erkenntnistheoretische Grundposition des Idealismus, lehnt aber den Begriff „Geist" ab und ersetzt ihn durch den eines **menschheitlichen Kollektivsubjekts**. Hegel habe die Differenz von Idee und Wirklichkeit nur spekulativ aufgehoben, sie müsse aber praktisch aufgehoben werden; danach können Philosophie, Recht usw. abgeschafft werden.

Aus heutiger Sicht liegen Hegel und Marx falsch: Es kann keine Wirklichkeit geben, die nicht bereits durch unsere theoretischen Interpretationen in irgendeiner Weise gedeutet ist. Insofern beruft sich die **heutige Wissenschaftstheorie** auf Kant, der wußte, dass wir es bei allen wissenschaftlichen Aussagen in irgendeiner Weise mit unseren eigenen Produktionen zu tun haben. Gerade deshalb untermauern wir heutzutage unsere Thesen nicht mit dem Argument, „dies würde der Natur entsprechen", sondern mit empirischen Untersuchungen, logisch-mathematischen Beweisen oder naturwissenschaftlichen Experimenten.

Frage 2

Für Marx ist der Mensch im **kapitalistischen Staat** entfremdet. (Hinweis: mit dem „kapitalistischen Staat" meint Marx das ausbeuterische Regime im 19. Jahrhundert, in dem es keine Versicherungen oder Sozialleistungen, dafür 15-Stunden-Tage und Kinderarbeit gab. Seine Ideen beziehen sich also nicht auf die Soziale Marktwirtschaft, wie wir sie heute kennen.) Diese Entfremdung des Menschen zeige sich deutlich in Hegels Staatsbegriff des „Absoluten". Für Marx ist der Mensch das „Absolute":

„Der Mensch, das ist die Welt des Menschen, Staat, Sozietät. (...) Der Mensch soll sich entfalten, nicht der Geist.“

Dagegen produziere der Staat ein verkehrtes Wertbewußtsein. Darunter falle auch die **Religion**, die deshalb „Opium fürs Volk“ sei:

„Die Aufhebung der Religion als des illusorischen Glücks des Volkes ist die Forderung seines wirklichen Glücks.“

Entfremdung ist für Marx ein **Bewußtseinsproblem**. Sie entstehe durch die Kantische Idee, dass es eine wirkliche Welt der Objekte und Gegenstände gibt, die der Mensch nur abzubilden versuche. Marx glaubt nicht an diese subjektunabhängige Wirklichkeit. Der Mensch begreife die wirkliche Welt, die wirkliche Materie. Deshalb nennt Marx sein System „Materialismus“. Doch materialistisch sei die heutige Welt nicht, eher idealistisch und damit voller Entfremdung. Deutlich werde dies im **Arbeitsprozeß**: Die philosophisch-wissenschaftliche Kopfarbeit habe sich von der körperlich-manuellen Handarbeit getrennt. Damit werde die Entfremdung zu einem Problem der praktischen Tätigkeit von Menschen. Um diesem Problem zu begegnen, müsse sich die Politik ändern.

Hegel	**Marx „stellt Hegel auf den Kopf“**
Bewußtsein **(der „Geist“, das „Absolute“)** ↓ bestimmt das **Sein** **(des Menschen)**	**Sein** **(der Produktivkräfte / die „Basis“)** ↓ bestimmt das **Bewußtsein** **(„Überbau“)**

Marx führt die Entfremdung der Arbeiter auf das Geld, also das Kapital, zurück. Unter der universalen Herrschaft des Kapitals würden alle menschlichen Verhältnisse zu **Waren- und Tauschverhältnissen**: Die Arbeiter produzieren Waren, deren Wert sich nach der in sie investierten Arbeit bemißt, der Kapitalist aber erzielt damit einen höheren Preis und gewinnt somit einen „**Mehrwert**“. Diesen Mehrwert behalte er, anstatt ihn mit den Arbeitern zu teilen. Marx erkennt ganz richtig die darauf folgenden Probleme des Kapitalismus: Das gesamte Kapital sammele sich bei wenigen Kapitalisten, die Arbeiter verelenden.

Freilich übersieht Marx, dass die Motivation, Unternehmen zu gründen und damit Arbeitsplätze zu schaffen, deutlich von der Motivation des Geldverdienens abhängt und dass ein Ausgleich zwischen beiden Interessen geschaffen werden muß. Stattdessen plädiert Marx für eine **Revolution** der Arbeiter (= „Proletarier"): „Proletarier aller Länder, vereinigt euch!" In dieser Revolution sollten die Kapitalisten enteignet, Privateigentum abgeschafft und zuerst eine sozialistische, dann eine kommunistische Gesellschaft gegründet werden. Bis es soweit ist, soll eine „Diktatur des Proletariats" herrschen.

Recht ist für Marx also ein Teil des Überbaus, abhängig von der Entwicklung der Basis. Im Kapitalismus dienen Staat und Recht der Interessenverwirklichung der herrschenden Klasse: „Die moderne Staatsgewalt ist nur ein Ausschuss, die die gemeinschaftlichen Geschäfte der ganzen Bourgeoisklasse verwaltet." Deshalb Revolution der Arbeiter, Transformation der Gesellschaft; im Kommunismus fallen Recht und Staat weg.

Überbau:

Gesellschaftliches Bewußtsein

zB Juristerei, Politik, Religion, Kunst, Philosophie; also: „ideologische Formen des Bewußtseins"; dieser Überbau schiebt sich nach einer Revolution der Basis um, er wird richtig, wenn die Verhältnisse richtig sind.
Diese geistigen Phänomene sind abhängig von den ökonomischen Verhältnissen, der Basis.

Basis:

Produktionsverhältnisse

Verhältnisse der Menschen zueinander in Produktion, Distribution, Austausch, Konsumtion; diese Produktivverhältnisse sind die Fesseln der Arbeiter im Kapitalismus.

Produktivkräfte

Verhältnis des Menschen zur Natur über Elemente des Arbeitsprozesses, d.h.: Arbeitskraft, Arbeitsmittel, Arbeitsgegenstände (Produktionsmittel); diese Produktivkräfte sind in der kapitalistischen Gesellschaft entfremdet.

Marx Geschichtsphilosophie beschreibt die Entwicklung der Menschheit, die von ökonomischen Faktoren vorangetrieben wird: Sklavenhaltergesellschaft, Feudalismus und Kapitalismus seien Gesellschaften des Klassenkampfs. Dieser Klassenkampf würde im Sozialismus aufgelöst und nach entsprechender „Umerziehung" der Menschen im Kommunismus zur Blüte gebracht.

Die **Übergangsgesellschaft**, also der Sozialismus, stelle sich dann u.a. wie folgt dar:
! starke Progressivsteuern, ! Abschaffung des Erbrechts, ! Einziehung des Eigentums der Emigranten und Konterrevolutionäre, ! gleicher Arbeitszwang für alle.

Den **Kommunismus** beschreibt Marx mit wenigen dürftigen Worten:
„An die Stelle der alten bürgerlichen Gesellschaft mit ihren Klassen und Klassengegensätzen tritt eine Association, worin die freie Entwicklung eines Jeden die Bedingung für die freie Entwicklung aller ist."

Frage 3

→ **Falsche Erkenntnistheorie:** Marx Erkenntnistheorie geht nicht auf (dazu oben), deshalb kann nur Dogmatismus helfen.

→ **Menschenbild:** Der Kommunismus glaubt an den *nur* guten Menschen, schlecht sei er durch den Kapitalismus geworden. Dies aber ist sehr fraglich: Wahrscheinlich denkt der Mensch zu jeder Zeit zuerst an sich selbst, ist zumindest altruistisch *und* egoistisch. Der Jurist und Philosoph Georg Jellinek über den Kommunismus: „Zu optimistisches Menschenbild: in Freiheit dressiert, immer arbeitslustig, auf Kollektivität bestimmter Mensch."

→ **Freiheitsbegriff:** Marx verspricht die Freiheit im Kommunismus. Dies ist aber ein materialistischer Freiheitsbegriff und darf nicht mit unseren Grundrechten verwechselt werden. „Religionsfreiheit" egal ob für Christen, Juden oder andere ist für Marx undenkbar. Auch Privatautonomie und Eigentum sind nicht garantiert.

→ **Übergang zum Kommunismus:** Weiterhin ist fraglich, wie der Übergang zum Kommunismus, einer staatenlosen Gesellschaft, organisiert werden kann. Sind die Menschen von heute auf morgen glücklich, frei und nur noch altruistisch? Wird niemand die Gewalt an sich reißen? Marx will das durch

„Umerziehung" der Menschen garantieren. Aber die tiefsten Triebe des Menschen lassen sich nicht umerziehen.

→ **Gefahr der Diktatur:** Die Übergangszeit der Diktatur des Proletariats und die Umerziehung können ausgenutzt werden, um unmenschliche Regime einzurichten. Erfahrungsgemäß korrumpiert Macht zu Machtversessenheit und Machterhalt. Auch die Geschichte zeigt das, zB im gesamten Ostblock. Nirgendwo konnte eine kommunistische Gesellschaft erreicht werden. Im Gegenteil: Mauern wurden erbaut, Oppositionelle unterdrückt; insgesamt wurden Millionen Opfer dieses Menschenversuches.

→ **Kommunismus konkret:** Marx verliert nur wenige Worte über den tatsächlichen Zustand des Kommunismus. Wir wissen nicht, wie dieser aussehen soll. Marx wußte es wohl selbst nicht.

> Im 21. Jahrhundert ist die Überlegenheit des freiheitlichen Verfassungsstaates Konsens. Nur er kann die **Freiheit** sichern. Prämisse ist ein pessimistisches Menschenbild: Jeder strebt zuerst nach dem eigenen Nutzen, will Ressourcen gewinnen (nicht nur Nahrungsmittel, Kleidung und ähnliches, auch Bildung, Ansehen, Liebe etc.). Die **soziale Marktwirtschaft** hat es geschafft, dass dieses Streben des Einzelnen **nützlich** wird für die gesamte Gesellschaft. Auch deshalb konnten die katastrophalen Zustände der Arbeiter im 19. Jahrhundert überwunden werden. Somit wurde eine Antwort auf die soziale Frage gefunden, eine Antwort, die Marx – würde er heute leben – sicher auch geben würde.

Literatur:

→ Göhler / Klein: Politische Theorien des 19. Jahrhunderts – 6. Kapitel (Sozialismus), in: Lieber (Hrsg.): Politische Theorien von der Antike bis zur Gegenwart, Seiten 509ff., insb. 535ff; im gleichen Band auch das Kapitel von Lieber zur Theorie totalitärer Herrschaft, Seiten 911ff.

→ Zenthöfer, Rechtsphilosophie, Seite 85 (Rückfall bei der Entwicklung eines modernen Staates: Idee des Kommunismus); Seite 86: Systemunterschiede Verfassungsstaat und sozialistischer Staat.

Klausur 24

Aufgabe

1. Von welchem Verhaltensmodell des Menschen geht die „Ökonomische Theorie des Rechts“ aus?

2. Die Ökonomische Theorie geht davon aus, dass die zur Verfügung stehenden Ressourcen begrenzt, die menschlichen Bedürfnisse dagegen unbegrenzt sind. Folglich sollen die vorhandenen Ressourcen so eingesetzt und zugewiesen werden, dass ihr Gesamtnutzen für die Bevölkerung maximiert wird (Allokationseffizienz). Wann ist das der Fall?

3. Wer stellte fest, dass unter bestimmten Voraussetzungen die ökonomischen Ressourcen ungeachtet ihrer rechtlichen Zuordnung stets dahin gelangen, wo sie am nützlichsten verwendet werden?

Lösung

Frage 1

Man geht davon aus, dass jeder Mensch stets seine eigenen Interessen auf rationale Art und Weise verfolgt.

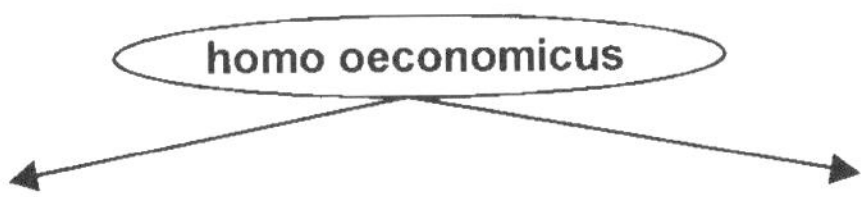

Eigennutztheorem	**Rationalverhalten**
Der Mensch handelt stets eigennützig.	Der Mensch geht bei Befriedigung seiner Präferenzen rational vor.

Ein Individuum wählt also stets die Handlungsmöglichkeit, die im Vergleich zu ihren Kosten den größten Nutzen bringt (**Nutzenmaximierung**). Indem eine Rechtsordnung Nutzen und Kosten von Handlungen durch Zuordnung von Rechten und Festlegung von Sanktionen bestimmt, wirkt sie daher zugleich steuernd auf das Verhalten der Menschen ein.

Frage 2

Zwei Theorien versuchen zu klären, wie die Allokationseffizienz erreicht werden kann:

a) Nach dem **Pareto-Kriterium** ist ein Gesamtzustand der Gesellschaft gegenüber einem anderen dann vorzuziehen, wenn durch seine Herbeiführung mindestens ein Gesellschaftsmitglied einen Vorteil und niemand einen Nachteil hat. Große Bedeutung hat dieses Kriterium in Hinblick auf die Vertragsfreiheit, wo durch Vertragsschluß Pareto-Verbesserungen eintreten.

b) Das Pareto-Kriterium ist aber für die Rechtsetzung nicht sehr praktikabel. Deshalb stellt das **Kaldor / Hicks-Kriterium** weniger strenge Voraussetzungen an die Verbesserung eines sozialen Zustandes. Ein neuer Zustand kann gegenüber einem alten Zustand besser sein, auch wenn dies zu einer Schlechterstellung von Gesellschaftsmitgliedern führt. Maßgeblich ist insoweit nur, dass diejenigen Personen, die eine Besserstellung erfahren, die Verluste der anderen kompensieren könnten und ihnen trotzdem noch ein Restvorteil verbleibt.

Frage 3

Es handelt sich um das **Coase-Theorem** von Ronald Coase (1960). Er meint, dass eine ineffiziente Zuordnung von Eigentums- und Handlungsrechten stets durch marktwirtschaftliches Handeln korrigiert wird, so dass das Recht letztlich keinerlei Wirkung zeigt.

Voraussetzung ist aber, dass alle Handlungs- und Eigentumsrechte eindeutig zugeordnet und **frei übertragbar** sind. Nur dann ist ein vollkommener Wettbewerb möglich, der zur Übertragung von Rechtspositionen führen kann. Außerdem dürfen **keine Kosten bei der Transaktion** von Gütern entstehen, die Transaktionskosten müssen also gleich null sein.

Literatur:

→ Coase: Das Problem der sozialen Kosten, in: Assmann / Kirchner / Schanze (Hrsg.): Ökonomische Analyse des Rechts (UTB), Seiten 129 – 183. Der berühmte Aufsatz des Nobelpreisträgers ins Deutsche übersetzt.

→ Kirchner: Ökonomische Theorie des Rechts, Seiten 7ff. (Verfasser ist Prof. an der HU Berlin und *der* Experte auf diesem Gebiet).

Klausur 25

Aufgabe

1. Welche Straftheorien gibt es?

2. Welche Schuldbegriffe kennen Sie?

Lösung

Frage 1

Absolute Straftheorien	Relative Straftheorien
I. Vergeltungstheorie *Kant:* Die Aufgabe von Strafe besteht in der Durchsetzung von Gerechtigkeit. Strafe darf immer nur gegen einen Täter verhängt werden, weil er verbrochen hat, denn ansonsten – bei zweckhafter Strafe – wird der Mensch bloß als Mittel zu den Absichten eines anderen gehandhabt = Verstoß gegen die Würde. *Hegel:* Die Straftat ist die Verletzung des Rechts im Sinne einer Negierung des Rechts. Diese Verletzung erhebt einen Anspruch auf Geltung, aber diesem Anspruch begegnet die Strafe als "Verletzung der Verletzung" und somit als "Wiederherstellung des Rechts". Strafe als Negation der Negation des Rechts. **II. Sühnetheorie** Sühne bedeutet Einsicht des Täters in sein Unrecht und in die Notwendigkeit von Strafe mit der Folge einer Versöhnung mit der Gesellschaft (*von Kleist*).	Strafe ist nur gerechtfertigt, wenn sie einen bestimmten (legitimen) Zweck verfolgt. **I. Spezialprävention** *von Liszt*: Verbrecher ist durch die Bestrafung von künftigen Taten abzuhalten. **II. Negative Generalprävention** Strafe wendet sich an die Allgemeinheit und will verhindern, dass *andere* Straftaten begehen (Abschreckung). **III. Positive Generalprävention** Strafe dient der symbolischen Konflikt-erledigung: Durch den Normbruch werden die Erwartungen der Allgemeinheit in die Geltung der Norm enttäuscht; durch die Strafe als Ant-wort soll gezeigt werden, dass die Erwartungsenttäuschung zu Lasten des Täters geht und dass man auf die Normgeltung vertrauen kann.

Heute: Vereinigungslehre

Strafe soll zweckhaft sein. Sie wird jedoch durch das Schuldprinzip im Sinne der Vergeltungstheorie begrenzt.

→ Strafandrohung: abschreckend generalpräventiv,

→ Strafverhängung: vergeltend (Strafe soll schuldangemessen sein),

→ Strafvollstreckung: spezialpräventiv.

<u>**Frage 2**</u>

a) Traditionell (hM): sittlich-ethischer Vorwurf aufgrund einer prinzipiell anzunehmenden Willensfreiheit. Täter hat sich in freier Entscheidung für das Unrecht und gegen das Recht entschieden. Als Wertungsgrundlage dient nicht der konkrete Täter, sondern das sich aus der Lebenserfahrung abgeleitete Können eines Durchschnittsmenschen.

b) Funktionaler Schuldbegriff: Grds. ist der Mensch in seinem Handeln determiniert, folglich stellt sich Schuld als nur durch den Zweck (objektive Nützlichkeit aufgrund positiver Generalprävention) der Strafe definiertes Institut dar.

Literatur:

→ StGB-Kommentare, vor § 1.

→ Zenthöfer, Rechtsphilosophie, Seiten 93ff. (Theorien der Strafbegründung, wie hier).

Personenindex